大学生职业素养提升研究

朱艳军◎著

中国纺织出版社有限公司

内 容 提 要

本书从职业素养和岗位需求能力出发，重点介绍演讲与口才、交流与沟通、写作、礼貌礼节、信息处理、简历制作、面试技能、个人管理、团队素质拓展等能力在内的非专业能力和素养。

图书在版编目（CIP）数据

大学生职业素养提升研究 / 朱艳军著 . -- 北京：中国纺织出版社有限公司，2021.12

ISBN 978-7-5180-8871-3

Ⅰ. ①大… Ⅱ. ①朱… Ⅲ. ①大学生—职业选择—研究 Ⅳ. ① G647.38

中国版本图书馆 CIP 数据核字（2021）第 184906 号

责任编辑：邢雅鑫　　责任校对：高　涵　　责任印制：储志伟

中国纺织出版社有限公司出版发行

地址：北京市朝阳区百子湾东里 A407 号楼　邮政编码：100124

销售电话：010—67004422　传真：010—87155801

http://www.c-textilep.com

中国纺织出版社天猫旗舰店

官方微博 http://weibo.com/2119887771

三河市延风印装有限公司印刷　各地新华书店经销

2021 年 12 月第 1 版第 1 次印刷

开本：710×1000　1/16　印张：11.5

字数：183 千字　定价：68.00 元

前　言

大学生是祖国的未来和民族的希望，肩负着实现“两个一百年”和中华民族伟大复兴“中国梦”的历史使命。大学生不仅要志存高远，更要有服务祖国和人民的本领。对于大学生而言，成功的就业是成功事业的开始，而成功的就业离不开过硬的本领和扎实的职业素养。

职业素养可以分成专业素养和非专业素养两大类别，不同的行业有不同的素养需求。

本书逻辑清晰，内容翔实，共分为九章。主要讲述了 IT 相关专业的职业素养、演讲与口才、写作能力提升、职业技能素养、求职简历、职场礼仪、面试、就业权益和团队建设。

本书在编写过程中借鉴了大量同仁研究成果，参阅了许多有价值的文献资料和借鉴了很多专家、学者、行业人员的宝贵经验，在此向他们表示衷心的感谢。

由于时间仓促，加之作者水平有限，书中疏漏和不足之处在所难免，真诚地欢迎各位读者批评和提出宝贵意见。

作　者

2021 年 5 月

目　录

绪　论

当今世界，信息技术日新月异，正有力地推动着社会生产力的发展。一是微电子技术的高速发展，导致芯片的运算能力及性能价格比继续按几何级数的定律增长，从而为大规模、多领域的数字化信息的加工处理、传递交流创造了条件；二是软件技术的高速发展，使芯片和计算机硬件更加智能，从而成倍地扩大了计算机技术的功能和应用范围；三是在微电子、软件和激光三大技术的推动下，通信技术加快了从模拟向数字、从低速向高速、从单一语言媒体向多媒体的转变；四是计算机、通信与媒体技术的相互渗透与融合，正在将通信与信息技术的发展推向一个崭新的阶段。基于该网络上的电子商务、远程教育、远程诊疗、电子政府、移动办公和家庭办公等计算机互联网的新应用不断涌现并得到大力发展。

信息技术日益广泛地深入社会生产、生活的各个领域，将使IT产业在数字化大潮中以更高的速度向前发展。由此，IT行业就业前景良好。

1．市场需求大

随着社会的发展，每年的IT人才缺口人数都高达百万以上。据数据统计，未来五年，我国信息化人才总需求量高达1500万至2000万人。其中“软件开发”“互联网营销”“电脑美术”等人才的缺口最为突出。软件人才对技术的需要较高，而高校的培养与企业的需求严重脱轨，导致软件人才缺乏。因此，一个技术水平高、有工作经验的技术人才，将会成为企业争抢的对象。

2．薪资水平高

根据有关数据显示，IT行业是目前平均收入较高的行业，其从业人员平均年薪已达10万元，有经验的IT工程师平均年薪一般在12万元以上。如JAVA开发工程师、安卓开发工程师、互联网营销工程师、UI设计师等IT人才必将成为职场紧缺人才，发展前景好，薪资水平高。

3．就业难度相对较低

随着 IT 行业逐渐与其他行业相结合，人员需求量巨大，相比之下，每年进入 IT 领域的从业者远远无法满足巨大的人才缺口，而且短期之内这种供不应求的情况并不会改善，所以想要在 IT 行业内得到一份工作相对比较容易。

4．工作具有挑战性

IT 行业需要不断学习、不断进步，技术在革新，硬件性能在提升，需要更好的架构、更新的编写语言。IT 行业的工作属于脑力劳动，从业者要不断地攻坚克难，不断地突破自己，一步步提升自我。

本书重点从 IT 相关专业的职业素养和岗位需求能力出发，重点介绍演讲与口才、交流与沟通、写作、礼貌礼节、信息处理、简历制作、面试技能、个人管理、团队素质拓展等能力在内的非专业能力以及从事软件开发岗位相关的 IT 专业技能和素养。

第一章　职业素养——行走职场的基础

现代社会是一个信息网络化、人才竞争化、经济全球化的社会。大学生能否在激烈的社会竞争中立足，取决于是否拥有较高的综合能力，即职业素养。各行各业都有自己的行业规范和从业标准，每一个大学生在进入职场前要充分了解所入行业的职业规范和岗位要求。了解越早和熟悉程度越高，越有利于自己快速融入行业和进入工作状态。大学生在学校培养和练就了爱岗敬业、工作踏实、耐心细致、超强执行能力等品质，这些无疑都是优秀职业素养的一部分，也是一个人在从业过程中的良好开始。但是企业和上级更看重的是员工的工作状态和工作结果，即结果导向性。因此，多角度的创新思维和良好的职业素养是每一个大学生在离校毕业前应加强训练和掌握的综合能力。在接下来的章节中我们将以软件工程相关专业学生如何提升具体的职业素养为例进行讨论和分析。

一、何为职业素养

假如我们去某银行办理业务，当我们遇到一个穿戴整洁、服装统一、面带微笑、热情相迎、彬彬有礼且动作快速高效的工作人员为你办理了业务，你此时的感受是什么？你是不是会觉得很舒适，工作人员很专业，下次还来这里办理业务？没错，带给你整体专业和舒适的这种感觉就来源于银行工作人员良好的职业素养。

每个行业都有自己的职业素养和规范。所谓职业素养就是：职业内在的规范和要求，是员工在职业过程中表现出来的综合品质，包含职业道德、职业技能、职业行为、职业作风等方面[1]，也就是从事某项职业时所具备的素质和修养。具体到岗位而言，职业素养体现在态度、情感、认知、技能、知识、创造力等方面。我们要想成为一个谈吐优雅、充满自信、行业的精英，就得从自己良好的行

[1] 任婷 . 高校软件工程人才职业素养培养途径探析［J］. 教育现代化，2016.9.

为习惯和工作作风开始慢慢训练和养成。

二、职业素养的组成

不同的行业和专业有不同的职业素养需求，但总体而言，职业素养可以分成专业素养和非专业素养两大方面。专业能力是从事某一专业领域的某一岗位的胜任力。非专业能力是一种公共能力，是一种可迁移能力。掌握了这些能力，可广泛运用于各行各业、各个岗位和人生发展中。非专业能力主要包括一个人的格局与视野、思想与品德、演讲与口才、交流与沟通、写作与阅读、调研与策划、组织与管理、礼貌与礼节、批判与创新、反思与总结、信息与处理、身体与心智等能力，以及个人情绪、时间、心态、效能、自信、包容、气场、逆商等在内的潜能力。

第一节　为什么要加强职业素养训练

小高购买高铁票的故事

国庆长假前夕，某知名IT公司要派10人去上海参加一个重要的产品推介会。因会议重要，加之国庆期间机票和高铁票非常难买，所以，公司总经理本周一上班第一件事情就是落实买票事宜。9月27日一大早，总经理就安排办公室小高网上预订高铁票。由于自己手机信息没有及时完善，小高不能在手机上预订，考虑到车票量大就收齐身份证去现场购买。快下午了，小高满头大汗地回来了，说："售票处人太多了，我挤了半天，排了1个小时才轮到我，但是窗口所有的高铁票和包括火车票的软卧、硬卧、硬座都卖完了，没办法，我只好回来了。"

总经理非常生气，将小高狠狠地训了一顿，说他真不会办事。小高感到很委屈，心想：我辛苦了大半天，的确是因为手机出了问题，我还亲自跑了一趟车站，确实是没票了，为什么还要怨我呢？

总经理为什么会批评小高？如果你是小高，总经理派你预订高铁票，你会怎么做？

一、近年来大学毕业生数据和行业就业情况

2018 年 6 月 11 日，由麦可思研究院正式发布的《2018 年中国大学生就业报告（就业蓝皮书）》显示：2017 届大学生毕业半年后的失业率（8.1%）与 2016 届、2015 届（分别为 8.4%、8.3%）基本持平。其中，本科院校 2017 届毕业生的失业率（8.4%）与 2016 届（8.2%）基本持平，比 2015 届（7.8%）略高；高职高专院校 2017 届毕业生的失业率（7.9%）比 2016 届、2015 届（分别 8.5%、8.8%）略低。

从这三届的趋势可以看出，大学毕业生半年后失业率呈现平稳态势。同时，该报告在毕业生去向调查中显示：在 2017 届大学毕业生中，有 78.7% 的人毕业半年后受雇全职或半职工作，2.9% 的人自主创业，0.4% 的人入伍；有 10.8% 的人升学，其中 7% 的人正在国内读研，1.1% 正在港澳台及国外读研，2.7% 正在读本科；有 7.2% 的人处于失业状态，其中 1.4% 准备国内外读研，3.4% 准备继续寻找工作，还有 2.4% 放弃了继续求职和求学。

二、原因分析

就业市场存在一种奇特的怪现象：一方面，大量的毕业生无法按时就业或者找不到满意的工作；另一方面，大量的用人单位却找不到合适的毕业生。造成这种供需矛盾的原因很多：一是中国自身产业结构尚处于变革和调整中，对毕业生提出了更高的要求；二是学生的岗位胜任力达不到用人单位的要求，导致毕业生被用人单位委婉的拒绝；三是学生的期望值和自己的能力水平与用人单位的待遇和要求不相匹配，造成高不成低不就的就业意识。因此，加强大学生就业观念和意识转变，加强职业素养训练，提高思想觉悟、职业道德水平、岗位胜任力变得十分关键。这些综合素养将影响学生一生的成长，能为自己未来的发展奠定坚实基础，同时也为祖国的建设和发展储备合格的人才。

三、加强职业素养的意义

1. 增强就业竞争力，帮助快速寻找工作

当今社会说到底是人才的竞争，人才竞争导致就业压力增大。因为没有一个企业愿意花钱选拔一个不能给公司带来效益和价值的员工。那些从众多求职者中脱颖而出的佼佼者都有一个共同的特点：拥有良好的专业能力和非专业素养。用人单位在选拔和招聘时主要是看应届毕业生的专业能力和非专业能力。当然不是每个人都百分百达到用人单位的标准，都是在尽可能地朝着这两个标准和方向去努力。谁比别人拥有更多的专业能力和非专业素养，谁就可能先被录用。

2. 提高岗位胜任力，促进职业快速发展

一步领先，步步领先。个人某个领域比较突出的主要原因是不间断的训练和知道计划对于自己成长的意义。因为善于规划的学生比一般大学生进入职场后更能快速进入角色状态和发展，有良好职业素养的大学生习惯和善于关注行业动态和社会发展状况，能够很好地将自己的专业、学业与社会的变化和需求进行有效对接和转化。

四、如何应对就业形势

（一）树立正确的就业观

树立正确的就业观，首先要对自己有一个正确的认知，要衡量自己的综合素质有多高，掌握了多少专业知识，实际操作能力有多强。根据这些自身基本条件去对照，自己干什么工作比较适合，才去针对性投递简历。这样应聘成功的概率就比较高。反之，没有正确地认识自己，盲目上阵，应聘成功的概率就相对较低。

1. 实现三个转变

（1）**城市—基层**：广大基层特别是西部地区、边远艰苦地区和艰苦行业以及广大农村还存在人才匮乏的问题。

（2）**公有—非公有**：人们一般都希望到政府机关、事业单位或国有大企业谋职、发展，而不愿意到集体企业或民营企业求职发展。

（3）**专业—通用**：现代社会分工越来越细，越来越注重综合素质，在校期间所学的专业知识与现实需要难以完全吻合，求职过程中如果过分强调专业对口则难以找到合适的职业。

2. 几个错误的观点

（1）求稳，迷信铁饭碗、公务员事业单位。

（2）求大，大城市、大单位、大机关。

（3）求高，高起点、高收入、高福利。

（4）求闲，有五要八，早上报纸下午茶。

（5）求适，舒适优美明亮宽大的环境。

3. 树立新的就业观

（1）树立先就业后择业的观点。

（2）有到基层、一线、边远的决心。

（3）不怕困难、艰苦创业的就业观。

（4）自强自立、敢创敢干的就业观。

（5）循序渐进、不断发展的就业观。

（6）跨地区、跨行业、跨所有制、跨国界的全方位就业观。

（7）树立自主创业、终身学习的观念。

（8）树立发挥专业所长，注重综合素质的观念。

（二）快速找到自己的方向并着手准备

高考前，每个同学动力十足、热情高涨、信心满满，因为大学就是黑夜中的明灯，这盏灯照亮了前行的道路，让我们目标明确、方向清晰，那就是考上大学。然而考上大学后，天亮了，灯却熄了，有的同学没了方向，开始迷茫，不知该走向何方……

当今，大学校园学风乱象千奇百怪，不上课、不考试、不锻炼、不做清洁、不洗澡、不礼貌、不诚信、不参加课外科技文化活动，迟到、早退、旷课等现象时有发生。虽然这些只是个别，却影响了整个大学的学习风气和个人的成长发展。有的同学以为考上大学后就万事大吉了，却不知道考上大学后不一定能拿到毕业证。拿到毕业证也不一定能找到工作或者满意的工作。临近毕业，有的同学在填写简历时，一片空白，不知如何填写，这才感觉大学白上了。

1．做好规划

怎样才能像高考前一样精神饱满、斗志昂扬、有动力地去学习？怎样才能在千军万马过独木桥的潮流中顺应形势，到达成功的彼岸？怎样才能根据自己的爱好和兴趣在毕业时撰写出适应社会发展需要并且有特色的简历？这就需要我们从大一开始就确定学业目标和认真做好成长发展规划。

哈佛大学的一项研究表明，有规划跟没有规划，效果截然不同。3% 的人有清晰且长期的目标，一直朝着同一个方向不懈努力，25 年后，他们几乎都成了社会各界的顶尖成功人士。10% 的人有清晰的短暂目标，大都生活在社会的中上层，不断完成预定的短期目标，生活状态逐步上升，25 年后，他们成了诸如医生、律师、工程师、高级主管等各行各业不可或缺的专业人士。60% 的人目标模糊，25 年后能安稳地生活与工作，但都没有什么特别突出的成绩。27% 的人是那些没有目标的人群，他们几乎都生活在社会的最底层，生活过得很不如意，常常失业，靠社会救济，并且常常在抱怨他人、抱怨社会、抱怨世界。

2．练就过硬本领，锻造核心竞争

不管走哪一条路，一个人的发展总是跟他的职业素养相关的。一个是专业能力，我们把它叫作硬实力，它是我们来求学的根本，是我们的主业，更是我们求职和发展的基础；另一个是包括思想与品德、演讲与口才、交流与沟通、写作与阅读、调研与策划、组织与管理、礼貌与礼节、批判与创新、反思与总结、信息与处理等能力在内的软实力以及个人情绪、时间、心态、效能、自信、包容、气场等在内的潜能力。这些能力也叫作可迁移能力，一旦拥有便会适用于社会各行各业。这些能力不是生而拥有和先天具备，是可以通过后天的训练和实践获得的。那我们该怎样获得呢？

（1）**腹有诗书气自华，勤奋努力运气佳**。大学生一定要珍惜韶华，多读书，除了读好专业和其他课程的书外，还要读遍古今中外的经典名著，做到贯通古今、融汇中西。

三毛说："书读多了容颜自然改变。"沈从文也说："读书是门槛最低的高贵。"因为知识忘了，思想却留下了。书读多了，才会通晓事理、透彻人生，才不会"书到用时方恨少""船到江心补漏迟"。

外表的漂亮是一时的，心灵的美丽才是永远的。一个漂亮的女人或者帅气男人，如果不读书、远离书籍，将失去应有的内涵。我们希望男人稳重大方，能修炼成儒雅的气质，希望女人读书，修炼成优雅的状态。

（2）**纸上得来终觉浅，绝知此事要躬行**。同学们在大学里学习也要掌握学习的方法和技巧，一定要抓住课堂45分钟时间集中精力学习；课后要及时复习，不断消化与反复训练。同时要做好四个方面：一是积极参加校内外各种科技文化活动，加强能力锻炼；二是要踊跃竞选各级各类学生干部获得成长经历；三是要参加专业性的社团，提升个人兴趣和特长；四是要多参加社会实习实践，广泛获得实践经历，为未来的成长和发展奠定基础。

3．幸运绝非偶然，成功始于规划

（1）**了解需求，确定目标是基础**。兵法有云，知己知彼方能百战百胜。要想实现理想的求职目标和人生价值的最大化，大学生们不能只读圣贤书、不闻窗外事，而要加强对外界信息的了解和获取，要根据外面的情况并结合自身的需求来确定自己的学业目标。一是要了解外部需求情况。有的同学在谈自己毕业后的工资待遇时，“毫不谦虚”地说道至少要7000~10000元，而且还要有良好的办公环境和优厚的福利待遇，工作时间还不能太长，不接受加班和异地出差。有较高的需求本身没有问题，但前提是你得有与此岗位相匹配的能力和价值。不能只从我的需求出发，因此建议大家在大学期间应通过文献、访谈、实践等形式多关注工作里的世界，多了解行业里的动态。你得回答出一个关键的问题，那就是职场里需要什么样的人。二是剖析自身能力状况。主要是加强自身情况剖析和了解，俗话说了解别人容易，了解自己难。要想真正地了解自己主要应做好两方面：一方面通过朋友、室友、家人、老师、同学等做360度无死角评价；另一方面多参加校内外科技文化艺术活动，在实践中证明和增强对自己的了解。三是整合资源拟定计划。当我们了解外面的状况，又知道自己的需求以后，在熟悉本专业人才培养方案的基础上就可以结合自身特长、兴趣、爱好以及专业发展方向制订适合于自己的学业目标和求职方向。值得提醒的是，拟定的大中小目标，一定要设定完成期限，分割成若干个小目标，从而盘点资源、找出成功的经验，确认你要克服的障碍，确认你所需要的知识、目标视觉化、效法模范（榜样），核对目标，再次确认。

（2）**实施计划，正确执行是关键**。执行力不仅是完成上级领导和部门工作安排的核心素养，更是自己人生规划和成长发展的基础。说一千，道一万，不如自己做一遍。再好的计划，不去做就会等于零。很多企业家能够取得成功的原因之一就是具备立即行动的执行力。我们确定了学业和求职目标之后，应将长远目标分解成中期、短期、长期，甚至每月的具体目标之后，一定要执行和实施，而且要身体力行，不尽最大努力誓不罢休。一定要有今日事今日毕的决心和习惯。

（3）**评估反思，不断总结是进步**。同学们在学习、生活、工作中也要善于反思和及时总结，以便修正自己的学业方向，不断完善学习规划，从而早日实现当初进校时的初心和儿时的梦想。有的同学在制订学业规划和求职目标时，容易出现对准职业人角色认识不到位、不知道自己的学业目标和就业方向、对自己所学专业兴趣不大、设置的学业目标和求职方向过多、没有记录学业目标而形成系统的规划书、没有经常检查与总结等问题。

（三）主动出击，多方获取就业信息

有一个研究机构曾经做过一个调查，大概是：大学学习期间一直在前排位置就坐的同学，毕业后他们的人生往往比坐在后排位置的同学更为积极和作出更多的贡献。这就告诉我们，主动积极的同学总是会获取更多的机会。当今社会是信息交融与数据爆炸的时代，谁获取的信息多就拥有更多的选择。因此，信息＝机遇。信息量越多，选择面越宽；信息质量越高，把握性越大；信息越及时，越有主动权；信息越全面明确，求职盲目性越小。然而现在的情况是，很多同学根本不知如何获取和利用信息。比如，每所大学或者每个学院都会发布许多与专业相关的招聘信息至各自班集体的 QQ 群。但这些信息的利用率特别低，甚至有的同学根本不会点击信息，造成信息的浪费。就目前而言大学生获取信息的主要渠道有：

1．校园招聘

就在校大学生而言，校园招聘应该还是一个主要的就业信息获取渠道。校园招聘一般有两种方式：一种是学校会把各类就业信息通过辅导员发至各年级就业 QQ 群中，供大家选择。另一种是有的用人单位有明确的要求，需要校方进行推荐面试。校园招聘有时会提前通知，有时则不会，来得很突然。这就要求，在校的大学生们要提前做好各种准备。如自我介绍、自荐书、简历以及求职面试时可能要应对的问题等。

2．求职网站

目前求职网站种类繁多，供大家求职、找工作的机会也是非常多。大家根据目标岗位要求填写简历发布后，可以获得一些面试和机会。

3．关系网络

这种方式适合一些家族或者家庭中有某些资源和社会关系的学生，他们可以借助这些渠道获取就业信息。

4．直接联系

很多学生对知名的企业、公司比较喜欢和向往，希望毕业后能到这些企业工作。但是这些著名的企业并不一定会到校园来招聘。通过查阅官方信息之后，可以直接向这些企业人力资源部门的 HR 投递简历。

5．人才中介

如果实在没有其他的渠道和方式，通过人才服务的中介机构获取求职信息和进行推荐就业也是不错的选择，不过这些机构一般都要收取一些费用。

（四）外塑形象，内修素质

怎样才能在千军万马过独木桥的竞争中立于不败之地呢？其实，这是一个既简单又复杂的准备工作。说复杂，是因为大学生要通过目标定位分析、发展方向决策、计划严格实施等过程才能获得成功，而这个过程起码也要两年以上的时间才能达到一定的水准。说简单，是因为只要对照目标岗位需求，一一检查和弥补，加强训练和准备，通过一定的时间即可达到岗位职业技能和要求。

（1）**思想政治素质**。思想政治和品德素质优秀，无任何不良记录，获得毕业证、学士学位等证书。

（2）**教师基本素质**。教师资格证（三字一画考核达标，教育学、心理学知识体系完整，考核合格获得相应学分）。

（3）**逢进必考和公开招聘**。教师进行公开招聘的情况有两种。一种是中小学或职业院校各自有选拔优秀大学生的资格和指标。大学生符合学校的用人标准和达到相应条件，即可签约录用，同时按照上级要求办理入职手续。另一种是要经过人事部门统一组织的考核程序后，校方再进行审核后才能入编。但这种就要经过行政职业能力测试、申论、公共基础、应用文写作等课程的统一考试。

（4）**教学科目（专业）与综合素质齐头并进**。这里主要指的是专业领域的知识和能力要达标和特点突出，要做到知识扎实、技能过硬、水平高超。

（5）**精彩一课，准备一堂完整的试讲课**。为什么要常备这么一堂课呢？原因很简单，当一名老师最重要和最基本的技能就是有没有讲好一堂课的能力。知识可以学习，技能可以锻炼，但若一个人的表达能力、思维能力、综合素质能力等不够或没有准备好，肯定是不会被录用的。

第二节　社会和企业需要什么样的人

一、供需模型分析

很多在校大学生在谈及未来的职业和发展时，毫客气地说："希望自己以后的工作是这样的：工资待遇和福利要好，希望不加班、不出差，办公环境要舒适和漂亮。"其实有这样的想法无可厚非，但问题是我们拥有获得这些待遇和福利的能力和本领了吗？大家看看下面的这个模型（图 1-1），当自己的能力与公司的要求相一致时，自己的需要就能和公司的给予相一致，当两个画上等号的时候就是我们个人和公司签约成功的时候。不怕没有高收入和高福利，就怕没有高强的本领和能力。

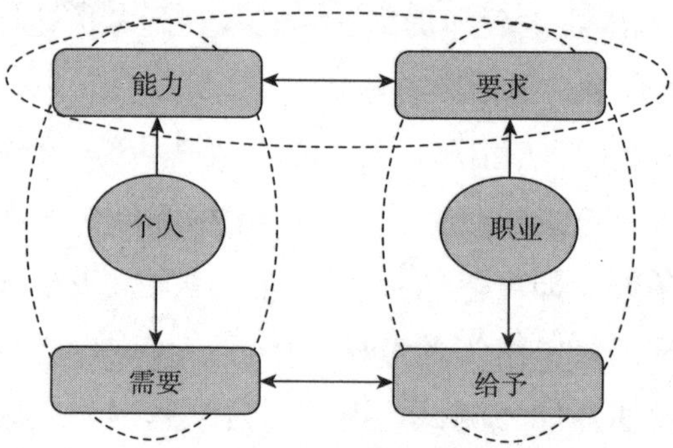

图1-1　求职供求模型

二、雇主们怎样讲

1. 雇主们最重视的综合素养

通过多年调查和与企业的交流，雇主们最为重视的技能和个人综合素养如表 1-1 所示。

表1–1　雇主们最重视的综合素养

序号	能力	描述
1	流畅、准确的口头表达	敢说话、会说话、说恰当的话
2	交流、沟通、社会交往	主动性、诚意，解决问题，融入
3	礼貌、礼节、团队合作、文化修养	体现修养，融入分工，配合完成
4	调研、策划、提炼、总结	思维意识和发现问题
5	组织、协调、管理	领导能力、个人号召能力、人格魅力
6	执行力、反馈进度	效率、主动性，做让人放心的人
7	责任心、上进心、事业心	完成好工作，有始有终
8	守时、诚信、忠诚度、正确心态	兑现自己的承诺和忠诚于上级
9	主动性、灵活性、情商高	主动融入，主动解决问题，主动完成
10	学习能力、创新能力	愿学、会学、善于学，改进创新
11	分析解决问题能力	做好事情是一切的落脚点
12	公司文化、核心价值观	快速认知、认可并适应

2. 雇主们最重视的专业素养

通过多年调查和与企业的交流，雇主们最为重视的知识和技能如表1–2所示。

表1–2　雇主们最重视的专业素养

序号	能力	备注（描述）
1	查询、搜索、统计	信息获取、筛选能力
2	逻辑分析、严谨踏实	信息数据使用能力
3	系统操作、办公自动化	工具能力
4	各类信息技术速成	快速适应现代化办公能力
5	专业、行业、工作岗位特点性质熟悉	专业领域熟悉
6	外语基础知识及听说读写能力	工具能力
7	专业基础知识扎实	—
8	专业技能过硬、动手能力强	—
9	应用专业分析和解决问题的能力	—
10	规范、流程化、标准、程序意识	—
11	专业具体岗位要求的素养	—

三、工程师和管理人员怎样讲

企业一般都喜欢基础能力比较扎实，综合能力较强的人。小型企业一般希望员工入职之后可以做事，入职之后就可以参与到工作中，不会花太长的时间培养。而大公司愿意培养你，但是需要你基础能力非常扎实，有一定的宽度和深度。

（1）**关注行业**。大学生在校学习期间，多关注与专业技术相关的微信公众号，每天晚上睡前看看，或者下载 csdn、掘金之类的技术 APP，同时还可以去慕课网看看相关课程。通过这些基础知识和实用课程的学习，加强对职业岗位技术和素养的了解。

（2）**加强表达**。在校大学生一定要加强自己的表达能力，因为，无论是技术还是非技术岗位，都会涉及部门与部门、个人与团队的讨论和沟通。如果没有一个良好的口头表达能力，又怎能正确表达自己的观点和与他人良性互动交流呢？升职加薪的机会又从哪里来呢？

（3）**注重面试**。在面试之前，肯定是要做大批量的笔试题的。一般较大规模企业的求职流程是投递简历——笔试——HR 面试——用人部门复试——总监终试——收到 offer。收到 offer 后即可入职，如办理办银行卡、体检等。这些基本程序会在 offer 邮件里面具体通知。入职第一周一般都是培训，如熟悉环境、了解公司企业文化、规章制度等。

（4）**敬业精神**。所有的公司和主管都要求大学生要有良好的敬业精神和积极的工作态度。敬业精神就是在工作中要将自己作为公司的一部分，不管做什么工作一定要做到最好，发挥出实力，对于一些细小的错误一定要及时地更正，敬业不仅仅是吃苦耐劳，更重要的是“用心”去做好公司分配的每一份工作。其次要有良好的态度，如在工作中要将负责的、积极的、自信的态度体现出来。要充分相信自己的能力，一定要静下心来，勤奋工作和研究工作。

四、怎样加强大学生职业素养

1．专业引导中获取

专业引导包含多个方面，如新生入学时的专业介绍和专业恳谈会；导师对本专业学生所作的人才培养方案的解读和引导；学院邀请院内外专家作专业相关领域的学术报告等。广大学生应该充分利用以上机会加强对本专业的认识和了解，不断增强对专业的现状、发展以及未来就业情况等方面的认知。

2．项目实践中获取

一定要加强项目训练。项目不仅仅是满足于课本中的理论内容，而且要结合社会生产实际中的实际运行项目。

3．第二课堂中获取

职业素养不仅仅是与专业相关的素养，还包括前面谈到的包括一个人的格局与视野、思想与品德、演讲与口才、交流与沟通、写作与阅读、调研与策划、组织与管理、礼貌与礼节、批判与创新、反思与总结、信息与处理、身体与心智等能力在内的软能力，以及个人情绪、时间、心态、效能、自信、包容、气场、逆商等在内的潜能力等众多能力和素养。这些素养是一个人的基本素养，只能通过大学第二课堂的科技、文化、艺术以及各级干部经历和社团活动中获取。

4．社会实践中获取

《国家中长期教育改革和发展规划纲要》指出：提高质量是高等教育发展的核心任务，应用型大学就是培养具有社会责任感、创新精神和实践能力的高素质工程型、技术型人才，使之能够充分发展个人才能和满足社会需求。实践教学与育人对于实现应用型人才的要求具有特殊和重要作用，融大学生思想政治教育、专业教育、创新创业教育和社会服务于一体。通过组织学生开展校内外教学实验、教学见习、教学实习、生产实习、顶岗锻炼、毕业论文、科研活动、专业实践、社会实践等多种形式的实践环节，来达到育人育德之目的，从而实现人的全面发展。

第三节　提升大学生道德素养

一、大学生道德素养的意义

大学生道德素养包含的内容有很多，比如良好的品行、诚实守信、尊老爱幼等，在现代社会中，道德的作用越来越大，更是作为人与人交往的准则，人的行为影响道德的发展，道德约束着人们的行为。道德是社会主义精神文明的主要内容。良好的道德素养有利于个人素质的提升，更会影响到社会道德体系的建立。现在，提升国民的素质成为我国核心主义价值观一项重要的任务。提高大学生道德素养是大学生的生涯的重要一环，更是成长路上重要一环，提高大学生道德素养至关重要。

二、提高大学生道德素养的重要性

道德素质修养是中华民族优良传统之一，道德在中国古代居于非常重要的地位。当今世界各国的经济发展和科技进步主要是依靠高素质人才，大学教育的目标不仅仅是使大学生学到专业知识和专业技能，更重要的是让大学生学会如何适应新环境并继续创新的能力。这就需要当代大学生具有较高的道德文化素质、较强的专业素养、健康的心理和体魄。

人无德则不立。如果我们没有意识到提高道德素养的重要性，我们将无法在世界中生存，也交不到真心的朋友。大学生的道德素养与国家的前途和民族的命运紧紧相关，密切联系在一起，通过提高当代大学生的道德素养，将有助于建设和谐文明的社会，有益于国家的发展和进步。

人与社会密不可分，社会是由个人组成的，文明的社会需要文明的成员一起共建，文明的成员则必须要用文明的思想来武装，要靠文明的观念来教化。道德素养的提高，可以使每位社会成员进一步强化道德意识，端正自身行为，从而促进整个国家和全民族总体文明程度的提高，加快社会的发展。“天下兴亡，匹夫有责”，我们每一位社会公民都有理由以自觉提高道德素养为己任，一同投身于社会主义的文明建设之中。

三、大学生提高自我道德素养的方法

1. 树立正确的人生观、世界观、价值观

德智体美，德育为先。加强政治理论学习，通过理论学习，不断提高自己科学文化知识水平，我们必须充分认识祖国的国情、悠久的历史文化，继承中华民族的优良美德，激发自身的爱国主义情感，明确自己的社会责任，树立崇高的理想与信念，把全心全意为人民服务作为自己的行动指南。只有树立正确的世界观、人生观、价值观，才能在纷繁复杂的现实生活中保持清醒的头脑，明辨是非，把握人生成才的方向，才能正确对待成才道路上所面临的各种境遇，不断排除成才道路上的障碍，勇往直前。

2. 加强精神文明建设

提高道德素养是一项艰巨的、长期的任务，要使自己具有高尚的道德情操，就必须善于总结提高，狠下功夫。思想品德修养贵在自觉，贵在实践，从点滴做起，从我做起，这样日积月累就会取得长足进步。

大学生道德素养可以彰显时代的风采，谈吐温文尔雅，气宇轩昂，举止落落大方，知礼敬让，遵纪守法，关注社会民生，要做到这些，大学期间的历练便不可放松。大学生正处在人生观、价值观的形成时期，因此，可以确定自己学习的榜样，以先进人物为楷模，就会不断激励自己向更高的思想境界攀登。俗话说：“榜样的力量是无穷的。”学习先进人物，可以是历史上的，也可以是现实中的，人一旦有了理想与目标，动力就会无穷尽，从而推动自己前进。

3. 与理论知识相结合加强社会实践

“纸上得来终觉浅，绝知此事要躬行。”这句话充分说明了社会实践的重要性，在掌握科学理论知识的同时应加强社会实践。大学生要走出校园，走出课堂，走向社会这个大课堂，积极参加社会实践、志愿服务等一系列的实践活动，为个人的成长进步、为将来的建功立业奠定良好的基础，通过实践增强自身的社

会责任感和历史使命感，奉献自己的爱心，增加自己的社会经验与阅历，进一步提高自身觉悟意识与能力，开拓自己的视野，自觉抵制社会上的不良风气、违规行为，在实践中自我教育，自我管理，自我服务，自我规范，自我完善。

一个人的道德素养如何，主要是通过社会实践来检验。俗话说："听其言，观其行"，这里的"行"就是指社会实践，离开了社会实践便谈不上自我修养、自我改造。社会实践不仅是智慧的源泉，而且是道德的源泉，人们的思想道德正是在社会实践中、在为人处事的表现里形成的。

4. 与时俱进，培养自己的时代意识

21 世纪，国内外形势发生了巨大的变化，历史与现实、传统与现代、本土文化与西方文明多重因素的交织，前所未有的文明冲击与文化碰撞，使当今大学生成为困惑的一代，一些学生不同程度地存在着政治信仰迷茫，理想信念模糊，价值观取向扭曲，诚信意识淡薄，社会责任感缺乏，艰苦奋斗精神淡化，团结协作观念较差，心理素质欠佳，职业选择方向难辨等问题。大学生是国家宝贵的人才资源，是民族的希望、祖国的未来，所以一定要规划好自己的图景，树立正确的人生观和价值观，这样才能在国家需要我们的时候，社会需要我们的时候，做好我们该做的事。

第二章 演讲与口才

一个人要表达和传递他的思想，通过写作和演讲这两种方式是最为恰当和快捷的，二者都是思维的系统表达。一个有能力的人不一定是会说话的人，反过来一个会说话的人无疑是有能力的人。因此，说话的能力一直以来都被人们所重视。

南北朝学者刘勰认为："一言之辩，重于九鼎之宝；三寸之舌，强于百万雄师。"启蒙读物《增广贤文》谈到："良言一句三冬暖，恶语伤人六月寒。"文字是有力量的，语言同样是有魅力的，其重要性不言而喻。从古至今，历史上以口才出名的人物故事非常多，例如，春秋时期的毛遂自荐到楚国，用他那口若悬河的口才通过一系列的说服和讲道理，迫使楚王歃血为盟；战国时期的苏秦游说各路诸侯，身佩六国帅印，终促成合纵连横的抗秦联盟；三国时诸葛亮出使东吴，舌战群儒，说服吴主孙权联合刘备共同抗击曹操，获得赤壁的胜利。戴尔·卡耐基曾说："一个人的成功，约有15%取决于知识和技术，85%取决于沟通。这种能力就是发表自己意见的能力和激发他人热忱的能力。"要想获得良好的职业素养，必须要加强演讲与口才、交流与沟通的能力。说话的本领不是天生的，虽然是有一定的艺术性和技巧性，但是通过后天的学习和训练是可以掌握的，但这种掌握的程度和达到的高度是因人而异的。

有良好的口才和具备很强的沟通能力的人，很容易受到别人的重视和尊敬。若不会说话或者交流不畅，在公众场合则容易被忽略和遗忘。因此，加强演讲与口才和交流与沟通的技能是每个大学生的一项核心职业技能。我们必须加以重视和加强训练。

第一节　演讲基本知识

一、何谓演讲

演讲通俗来讲就是：演讲者在特定的时空环境中，以有声语言和相应的体态语言为手段，公开向听众传递信息、表述见解、阐明事理，抒发感情，以达到说明事理、感召听众之目的。它是一种带有艺术性的社会实践活动。演讲具有一定的现场性和艺术性，更是一场社会实践活动。因此，人们在各类社会实践活动中都要发表自己的见解或者是提出自己的主张，或者是释疑解惑，抒发自己的情感，从而达到说服人、感染人、教育人、激励人的目的。

二、演讲的分类

1．按表达形式划分

命题演讲，主要是根据组织者或主办方事先拟定的题目进行观点阐释和意见表述；即兴演讲，主要是临时就某一观点、主题或事项进行演说，比较要求演讲者的思想思维和语言组织以及反应能力；论辩演讲，演讲与口才的最高级阶段的形式，更加要求演讲者的反应能力、逻辑思维以及知识储备和语言表达能力。

2．按主要内容划分

政治演讲，主要是职务竞选和政策宣讲，常见的有总统竞选、干部竞选、国家领导人参加各种大型会议时发表的主旨演讲等；学术演讲，主要是指讲课、讲学以及举办各种沙龙论坛或讲座等发表的演讲；推介演讲，公司新商品发布和产品说明会时进行的主旨演讲，如华为公司余承东曾多次在新产品发布时发表带有推介和宣传性的演说，以及苹果公司创始人乔布斯在新产品会上的演讲等都是推荐演讲。IT 相关工程专业的学生不管是在一线开发程序还是做市场和项目产品相关工作都涉及了演讲。

三、演讲的要素

一场成功的演讲活动中，包括了主持人、演讲者、主题、客体等要素。只有认真分析和研究每场演讲活动中的这些要素才能确保演讲的成功。

1. 主持人

主持人在整个演讲活动中起着氛围营造、内容播报、流程衔接、规范现场秩序等作用。因此主持人的能力和水平以及穿戴、气质直接代表了整场活动的水平和档次。那么演讲者一般都要事先跟主持人或者主办方进行沟通，把双方的情况摸清楚，尤其是要把自己的要求和简介与主持人沟通好，不然直接影响演讲前期氛围营造和准备工作。

2. 演讲者

演讲者是一场演讲活动的主体和关键性的要素，演讲者本人的水平、知识能力、语言表达能力、思维能力、观点内容以及风格等都影响着整场演讲活动的成败。

3. 主题

主题是一场演讲活动的灵魂，只有确定了主题才能确定演讲的主题和内容，而演讲也必须有一个明确的主题。因此在演讲前必须搞清楚本场演讲的主题。

4. 客体

一场成功的演讲活动不仅包含了主持人、演讲者和主题，还包括了听众、环境场地状态、音响设备、视频设备、辅助设备等在内的客体因素。一是听众，没有听众的演讲是不成立的，演讲一定有对象，即使是没有演讲对象的演讲比赛也是有听众的，那就是评委。演讲者的风格和内容要与听众的需求相一致或尽量一致，如若不然就会失去互动和效果。二是环境，环境也是一场演讲者要了解的关键因素，环境是室内的还是露天的，是大型体育场还是室内会议室等。三是音响设备，一场高质量的演讲必须要有高质量的音响设备作为保障，同时要考虑在现场是用手持话筒还是用耳麦设备。四是投影 LED 等视频设备的清晰程度、分辨率、转换头、连接器、控制方式等要事先做了解。五是其他辅助设备如激光笔、道具等。

四、演讲结构

在一场正规的演讲活动或演讲比赛中，演讲的结构一般由开场引入语、主要内容和观点、结束语三部分构成。开始和结束虽然不是主体内容，但仍然很重要，能够起到点缀效果和画龙点睛的作用。

1．开场引入语

好的开始就是成功的一半，别开生面和别出心裁的开场方式定会达到非同凡响的效果，定会为现场营造良好的氛围，迅速抓住观众的眼球以达到吸引注意力的效果。

直接接入主题。通过问题或者一个故事引入主题。

例 1：提问。“我想问一下在座的诸位，哪位知道今年学院招收了多少新生？”“我想知道，如果我告诉您，在明年毕业之时，不能顺利毕业的名单上将会有你的名字，您有何感想？”

例 2：陈述。“今天，我们市又有 30 个孩子的父亲因公去世——这类死亡本可得到预防！”

例 3：提及。“今天，这里的每一位都记得，当我们听到唐山大地震时的震惊和悲痛。”

例 4：主题。“我今晚要给您讲述令人激动振奋的 ×× 应用程序，然后告诉您这种电脑将如何改变您的经商方式。”

例 5：引用。“一位伟人说：‘每个人的经历远远超过他的想象范围’。不过，正是经验而不是想象，才影响人的行为。”

例 6：感染。“好心的人们，您只要掏五毛钱，就可以使这个孩子活下去，直到下年的收获季节，那时他就可以养活自己。”

2．主要论点或内容预览

向观众或听众介绍本次演讲的主要内容，有利于建立大家对演讲的清晰思路和认识。当然这一步也可以省去，讲明主讲内容或者主要观点，也会减少演讲的神秘性。

3．明确阐述主要论点

演讲时一定要思路清晰，观点鲜明，让听众明白你在讲什么内容。这就要注意，一是限制主要论点的个数，一次性不可能讲清楚太多的问题，所以要限制主要论点的个数。二是使用清晰的承接，也就是过渡要平滑。三是为了更加理解你的内容，可以在适当的时候做阶段性小结。在明确阐述观点时，我常用方法之一是用观点 + 事实说明法，即事例 + 数据说话。先抛出一个观点，这个观点的语言一定要精练，然后用一个具体的事迹来说明和佐证，这个事迹中有时候会带一点数字来强化听众对此事的理解和印象。

4. 结束语

演讲中除了有好的开头和过程，还要有好的结尾，一个好的结尾也能做到给观众留下深刻印象的目的和进一步强化所阐释的观点。使用有效的结束语如下：

例1：提问。“所以，女士们，先生们，我要请诸位思考——如果有人告诉您，您正在受到这种疾病的困扰，您有何感想？”

例 2：提示。“今天，在我们的节目里，我要使您认识到，我们需要更强更专业化的经销活动。而实际上，通过向您展示一个等待我们未开发的巨大市场，我想我已实现了目标。”

例 3：行动。“我的建议已告诉诸位，实践它已刻不容缓。如果我们想避免灾难，那就必须立即行动。要想保证公司未来的繁荣，希望各位不要再迟疑，行动起来！”

五、演讲前的准备

1. 内容准备

首先确定演讲的目的和主题；其次要充分准备素材，组织演讲内容及分析形式；最后撰写演讲稿。

2. 听众准备

演讲主要是讲给听众的。因此要特别注意打听和了解听众的背景（兴趣、爱好、职业、文化程度）是什么，这里面有哪些关键人物？他们有什么样的期望？他们可能提出的异议和问题？这些听众对于内容的了解程度如何？听众的态度？有无自己的支持者在其中等，这些信息的了解对于自己顺利地完成一场成功的演讲是非常重要的。

3．环境准备

环境对于演讲者而言是演讲成功与否的关键因素。一般一场大型演讲活动或者演唱会，主讲者都会提前到场踩点彩排。摸清环境的情况和熟悉环境的布置有利于自己掌控一切可能发生的事情，自己的内心变得安定。其主要了解的内容有：空间大小是否舒适，座位排列是否易于交流，光线是否适宜，环境是否适宜，辅助设备、材料是否到位，有无应急要求，是否掌握了设备的用法等。

4．演讲者准备

演讲者才是主角，是整个会场的焦点，在现场是否具有带动感和影响力，主要由主讲者的魅力和打造的形象决定。但这些魅力和形象也由一些因素构成：一是演讲者自身情况，如仪表、动作、着装等方面。仪表的重要性不言喻，此处不再赘述，但每一个演讲者都应该根据主题、场合、情节等因素去考虑和精心准备，甚至是配合内容要完成的表情和动作也要经过设计和演练。二是辅助设备如激光笔、优盘、移动电脑、材料等。这些设备和信息资料同样重要，笔者曾参加一次演讲比赛，大赛的内容虽然了然于心，但准备的 PPT 由于没有提前试放，在正式比赛的时候却不能正常播放，导致画面感全失。

六、演讲语言技巧

1．语言表达的三个要求

语言是逻辑表达的体现，是内心思想的呈现。口齿清楚这种能力通过一定时间的训练完全是可以提升的。一般对表达的要求是：一是吐字清楚、准确精练（普通话）；二是上口入耳，声音适度（耳根按摩）；三是形象生动，富有情感（情绪牵引）。

2．语言表达的几个注意点

在语言的具体环节上要注意：一是五个语。即语音、语调、语速、语感、语气。说话为语，语音就是发音吐字的面貌和状况，也即吐字清晰，发音准确，语言干净精练的要求。语调，同一句话或一个词语用不同的语调讲出来，就有不同的效果。因此讲话人一定要注意语调不能变，要符合场合气氛。语速即讲话的速度，不能快也不能慢，速度要适中，尽量让每一个听众听清楚你的内容。语感，讲话的内容是有情感的，是随着内容的变化而变化的，没有语感的演讲是吸引不了人的。语气和语感互为一体，语气带有强烈的感情色彩，要符合规范和要求。二是在演讲的过程中一句话要清晰流利地表达完整和清晰，同时也要有停顿与节奏。有的演讲者发言，不注意停顿，让人感觉不到重点和内容的深刻性。因此，要一句话中有停顿，也有节奏，抑扬顿挫的语音语调就让人感觉舒服，不但能听清楚，还能听出重次点。三是在演讲过程中，要注意内容的逻辑性与层次性，即思路要清晰，内容要明白。有的人演讲思路不清晰，东拉西扯的给人的感觉就是没有重点。

3．身体语言的使用

研究表明，在人与人的交往过程中，身体及肢体语言的交流发挥着重要作用，甚至超过文字语言。在身体语言里面最为关键的器官是眼睛。俗话说，眼睛是心灵的窗户，眼神是传情达意最重要的肢体行为。因此，我们在演讲的时候要善于利用表情和眼神传递情感，让眼睛会说话。除了眼睛以外，演讲者的手势也是一种重要的肢体语言表达形式。手势，即手的动作不能太多。每个动作做起来一定要自然、符合内容需要，要么是增强气势，要么是强调某个观点，要么是增加效果。同时演讲者在演讲的过程中应看着听众说话，与听众的目光要有实在性接触，这也是一种无声却胜似有声的交流。

七、语言和体态训练

（一）演讲基本功训练

1．何为演讲者扎实的基本功

演讲者的基本功，我们可以归结为三个方面。一是语言表达能力，最基本的要求就是做到表达清楚、说话有节奏、语句通顺无语病。二是演讲的内容主题突出，结构逻辑清晰、层次分明。三是演讲者的肢体语言和体态要做到大方、自然，传情达意准确。

2．如何加强清楚的表达

在演讲和一般表达的过程中，如何来衡量我们的表达是否有效呢？三个要点，即吐字要清楚、语句要连贯、停顿要适当；语速要适中，比正常说话略快一点点；音量适当，整个过程要有高低起伏的变化，重点要突出，整体要有抑扬顿挫感。在演讲的现场中要以听众能够听清楚为标准。

3．如何加强有节奏的表达

演讲中如果没有节奏和停顿是一件非常糟糕的事情，要想演讲有一定特色并完成得非常漂亮就要把握好节奏和停顿。如何完成和训练呢？一是要根据内容适当变化语速，该快的地方要快，该正常语速的要正常语速，快的同时一定要让对方听清楚为原则。二是要根据内容适当调节音量。有时某个地方要高亢一点，声音要宏亮一点，以突出要表达的内容和意思；有时某个地方要温柔一点，或者声音要平和一点，以突出情感的表达。三是要根据内容适当变化语气。现场中要以听众感觉流畅为准。

4．如何在演讲中做到无语病

不管是讲话，还是写作都不应该出现语病，这是最低级的错误。那怎样来衡量呢？一是没有念错字，发音准确。如果是自己写的稿子，应该问题不大，如果不是自己写的稿子，那一定要提前熟悉内容，将不认识的生字查字典标准拼音。二是没有严重口音。口音有时候也叫乡音，意思是你一说话就知道你是哪里来的人，带有浓浓的地方特色和味道，其实有时候只要不伤大雅也无可厚非，但若影响听力效果了就要注意了。而且大学生是可以通过反复阅读和普通话训练来改正口音的。三是演讲中没有大量口头禅，如“那么、然后”。许多明星和老师在漫谈式交流的过程上，都会有很多的“然后”这个词，说多了感觉说话没有层次感。四是不恰当停顿，有的人说话容易结巴，断词断句不正确，讲话不流畅，没有把一句话讲完，或者没有讲完一个词就开始停顿，这样就会影响受众的倾听效果。

5．语言基本功的其他要求

在演讲的过程中，神态要自然，心情要放松，内心要平静。对自己演讲的内容有感觉，就像一个讲故事的人，如果不能感动自己，又怎能感染别人呢？演讲的人不仅要做到眼睛看向观众，而且还要做到头脑中有画面感，这样讲内容才会有绘声绘色的感觉。

（二）演讲者体态训练

在演讲过程中，演讲者的肢体动作或体态传递了演讲者释放出来的态度。因此我们才说有的时候肢体语言比语言本身还要重要。优雅的举止神态会给人一种良好的第一印象，反之会让人不太喜欢。从整个体态而言要大方得体，能迅速让观众接受为第一原则。

1．眼睛眼神要求

眼睛是心灵的窗户，是与观众交流最直接的感觉器官。演讲过程中，用眼神与观众交流是一个演讲者最基本的技巧和要求。在演讲过程中必须注视观众，经常和观众互动，即用眼神适当扫视。在演讲过程中，切勿一直盯着 PPT。我们个别同学参加社会实践汇报大赛时，不是在演讲，而是在读 PPT。

2．面部表情要求

演讲者的神态，除了眼神是第一重要因素外，还有面部的表情。在演讲的过程中要做到自然，常保持微笑，表情要走亲和路线，要随内容而变化，不能一直都是一个动作、一个表情，否则容易陷入麻木和僵硬。

3．手部动作要求

一是动作要自然。二是静动要结合，既不能一直不动，也不能一直都在动。手部有五种运动方式：方式 1：双手自然下垂（不建议）；方式 2：一手拿着东西（如话筒），一手下垂；方式 3：一手拿着东西（如话筒），一手活动；方式 4：双手均自由活动（高级方式）；方式 5：抱住双臂（不建议）。四种常见手势，方式 1：大拇指一指式（大拇指伸出，其他内收）；方式 2：食指一指式（食指伸出，其他内收）；方式 3：全掌式（五指伸出）；方式 4：握拳式（五指握拳）。

4．体态基本功

体态，包含了整个人的形体和态度，如走姿、坐姿、站姿、仪表仪容、表情、气质、眼神和手势等方面。

（1）**对镜练习**。每次练习时站在一个可以把整个人的身体和形象都照下来的镜子面前，对着镜子大声朗读和做各种动作，直到自己感到称心如意或合适。练习时多注意自己在镜中的眼神，同时身体要站稳、不驼背，可采用任何手势。

（2）**现场练习**。演讲者走到舞台或者演讲台的中央将自己置身于现场中，同时邀请三五好友或者相关领域擅长的同学帮忙查看和点评，经过一段时间的训练体态一定可以达到理想的状态。

（三）基本功日常训练

1．内容日常练习

其实最佳有效的训练办法就是跟着电视里面的播音员和节目主持人朗读和朗诵。早晚半小时，对着镜子读，对着湖面读，对着自己的朋友读，对着家人读，练习时要做到心无旁骛，慢慢地在大庭广众间去演讲，就可以达到训练的效果了。

2. 心态与信心练习

坚持30天，每天3分钟左右，连续念3遍，要求念出声，声音逐步加大："我一定要最大胆地发言、我一定要最大声地说话、我一定要最流畅地演讲！我一定能成功演讲！"

3. 朗读练习

坚持半年，每天20分钟。选择报纸、书上任一篇短文或故事；要求大声（比正常音量要大）诵读；开始训练时建议进行录音，反复试听效果，直到自己觉得比较满意为止。

第二节　交流与沟通的技巧

人际关系是现代职场必不可少的一部分，良好的人际关系有助于事业的发展，人际关系也要靠自己诚心诚意地经营和有效地沟通。掌握一定的沟通与交流技巧，有助于工作中各种问题的解决和增进情感。沟通能力同时也是IT工程素养中的一个核心软能力。现代管理学之父德鲁克曾说过："一个人必须知道该说什么，一个人也必须知道什么时候说，一个人必须知道对谁说，一个人必须知道怎么说。"通过研究和分析发现，世界上的大多数成功人士都是交际沟通的能人和高手，他们知道在交流中如何发挥作用、体现效率、应用策略，如何通过交流建立牢固人际关系，最终获得成功。

沟通无处不在，每个人在生活、学习、工作中都扮演着重要的角色和不同身份的角色。在单位要与领导、同事和下属沟通；在家庭要与父母、孩子和老婆沟通；在学校要与老师、同学以及其他校友沟通。不同的身份和环境，决定了不同的语言策略。只要有人的地方就会有矛盾，而人与人之间之所以会出现疏远、隔阂和误解，就是由于沟通不当所致。而沟通不仅仅是听别人说，也不是只顾自己讲，而是双方甚至多方的交流。在交流和沟通中的一些技巧和策略作为现代大学生而言就不得不掌握，以便让自己在职场中获得成功。

俗话说：好胳膊好腿，不如长个好嘴。会说话成了沟通中的一个重要因素。

但要说好话不是那么容易的，不仅要会说话，还要掌握一定的知识和技巧，才能真正成为沟通高手。

一、掌握一定的沟通知识

（一）礼貌且恰当的称呼是正确沟通的开始

1．礼貌用语

生活、工作中难免会发生不愉快和隔阂甚至误会，要消除这些隔阂和不愉快就要进行交流和沟通，要与对方展开对话；而恰当的称呼，往往能让沟通顺利进行，减少不必要的障碍。心理学家研究表明，恰当且得体的称呼能让人精神愉悦、增强交流的欲望。相反，不恰当的称呼则让人心情糟糕，甚至不想交流，而导致沟通失败。在交流和沟通的具体过程中，则要注意称呼要符合身份、职称、职业特点，同时要让人感到亲切、自然。

2．主动打招呼

校园内有的同学有情商有礼貌，老远见到老师或领导就叫一声“老师好”。一句老师好，足可拉近彼此的距离，增加交谈的可能性。而有的同学则是羞于或者是不愿意与老师打招呼，看到老师来了，就从另外一边绕行。这方面体育学院的学生做得最好，他们通常是面带微笑、主动交谈，嘘寒问暖，甚至帮老师拿东西，让老师觉得有这样的学生很舒服。

实际上归结起来就两点：一是要积极主动地打招呼，也就是通常所说的要喊人。二是要有正确的称谓，有恰当的语气。

（二）积极主动与正确对待是成功沟通的基础

所谓积极主动就是首先要有解决问题和达成谅解的意愿，没有解决的诚意和愿望，不利于交流和沟通，更不利于问题本身的解决。

案例：甲和乙从大一至大三都住在同一个寝室，相处融洽，一直以来关系都不错，没有发生不愉快的事情。大三的一天，甲同学跑到学院办公室告状，先是拿出检举书，再是交上收集的现场证据，最后再拿出视频资料，看来是铁了心要把对方告倒的架势。在充分了解事情的来龙去脉之后，学院本着以同学友谊和情感为重的原则，准备化解两人矛盾。学院委托老师与甲乙二人单独谈话，指出他们的错误，化解他们的矛盾。可是甲乙二人就是听不进去。没有办法，只好找来两个同学现场对质，进一步地交流和沟通，可能是由于矛盾太深，不是一天两天引起的问题，两个互不相让，一味只说对方的不对，丝毫没有认识到自己有不妥之处。如此一来，不管是老师，还是同学反复劝导都不能顺利将两人矛盾化解。直到最后，实在没有办法了，就对两人讲，根据情况和情节两人都应受到处理，一人重一人轻。同学和老师反复做工作和引导，两人终于开始认识到自己的错误，愿意通过交流沟通化解矛盾。

通过上面的案例，我们就可以知道，交流和沟通一定要对事情本身有正确的认识和判断。且整个过程中，一定要积极主动，要拿出诚意来，人心都是肉长的，哪有不识人间烟火的人呢？只要有一个端正的态度，诚心诚意地来解决问题和事情，就一定可以通过沟通把事情解决好。

（三）尊重与发自内心赞美是沟通成功的前提

1. 心存敬畏

每个人都希望得到别人的尊重，但人与人之间很奇怪，要想得到别人的尊重，首先要尊重别人才行。所谓：尊人者，人尊之。

不管你身处什么地位和级别，不尊重人，就不会得到别人真心的认可。大学生要将尊重人作为修身养性和为人处事的基本素养，持之以恒地坚持做下去，把这种素养融入自己的实际行动中。所谓：人不如己，尊重别人；己不如人，尊重自己。

一般在沟通和交流过程中的顺序是先处理心情，再处理事情。不要心情没有收拾好，就去处理事情，势必会带着情绪和偏见，不利于问题的解决。

案例：一个老实巴交的单身聋哑人在工厂里辛苦工作了近30年。这个聋哑人一辈子没有结婚，当然也没有子女，平时都是一个人生活。但凡有大事，主要依靠哥哥及亲属帮忙解决。平时从不主动找哥哥嫂嫂及亲属说事情的他，跑到哥哥家用手比画着告诉嫂子，身体不舒服和被别人打了。对于从来都很老实和勤劳的兄弟被别人打了，嫂子心中有些难过和生气。由于哥哥不在家，嫂子看到伤势明显且伤在头部和脸部，立即就带着聋哑兄弟去工厂里找领导了解情况和讨个说法。到了工厂，生产厂长倒是热情接待他们，并向他们说明情况并表示愿意承担一切责任和后续医疗费用。由于伤势严重，事情突然，来不及等公共汽车，担心的嫂子就拦下出租车要送兄弟去医院检查和治疗。这时不知从哪里跑出一个人来说：不准打车，只能坐公共汽车，言语间极其不尊重。肇事者不但不出面赔礼道歉，反而认为对方是一个聋哑人，好欺负，再次恶言重语地对待聋哑工人。聪明和机灵的嫂子，立即拨打 110 报警。警察出面，事情很快就解决了，并要求工厂赔付一切医疗费用，要求肇事者当着聋哑工人及家属的面赔礼道歉。

2．真心赞美

俗话说：女为悦己容，士为知己者死。每个人都希望得到别人的认可和赞同。一句赞美的话，总能让人心情愉快，甚至让人一天都充满能量。赞美是人际交往和日常生活中最常用的技巧。但是有的人却不愿意把赞美之词说出口，即使知道别人比自己优秀和看到了别人的长处，也不愿意表扬别人。其实，赞美他人长处的同时更是在赞美自己。因为你发现了自己的优点在他人身上也有体现，于是赞美之词自然而出，这何尝不是对自己的肯定和表扬呢？因此，善于赞美的人，总能获得较好的交流基础和良好的人际关系。因此，人人都需要赞美，人人都需要赞美他人。世界不缺少美，但缺少发现美的眼睛。人人都有可赞美之处，处处都有可赞美之点。如果一个孩子能够从小得到父母赞美式的教育，那么这个孩子长大了一定是自信和阳光型的；相反，如果一个孩子从小都在父母的责怪和指责中长大，那这个孩子一定是胆小和自卑的。父母需要肯定和得到赞美，老婆也需要赞美，同事同学、领导、下属等都需要得到赞美。有一本书叫《不要吝啬你的赞美》，就是专门讲授怎样去赞美一个人。赞美的时候一定要把握好度，一定要做到真诚和用心观察。一般而言，发自肺腑的话语，又有一定的语言技巧的话总能让人舒服和愉悦。现在都在讲，让人愉悦是一种能力和本事。

二、掌握一定的沟通原则

（一）自信与诚信原则

1．自信

一个人在为人处事和待人接物中，一定要做到自信。因为，一个人只有自信了以后，说话才有感染力，才有影响力，才能让别人信服。自信的气质才能洋溢在脸上，从而让别人受到影响。当然，内心的自信还不够，要取得长久的自信，还需要在各种学习和社会实践中去历练，只有掌握了精准的知识和技能，具备了一定的竞争力之后才会拥有长久的自信。

2. 诚信

诚信是一个人最起码的为人和处事原则。离开诚信，就很难立足和得到别人的信任。因为诚信能让人心情平和，能让人心情轻松，从而达到推心置腹的状态，为顺畅的交流和沟通奠定基础。孔子说：自古皆有死，民无信不立。古有商鞅立木建信，今有信义兄弟孙水林、孙东林。

信义兄弟——孙水林、孙东林，被评为感动中国人物，是因为兄弟二人的诚信义举。2010 年 2 月 9 日（农历腊月廿六），在京津做建筑工程的孙水林，驾车带着妻子、三个儿女和 26 万元现金从天津出发，准备赶回老家过年，同时给先期回武汉的农民工们发放工钱。次日凌晨行至南兰高速开封县陇海铁路桥路段时，由于路面结冰，发生重大车祸，20 多辆车连环追尾，孙水林一家五口遇难。

孙东林为了完成哥哥的遗愿，顾不上安慰年迈的父母，在腊月二十九将工钱送到 60 多名农民工手中。由于哥哥的账单多已找不到，孙东林让农民工们凭着良心报领工钱，还贴上了自己的 6.6 万元和母亲的 1 万元。“新年不欠旧年账，今生不欠来生债。”20 年来，他们不曾欠过工人一分钱，不论家里出了多大的事，他们都不曾违背过诺言。孙水林、孙东林兄弟 20 年信守承诺，被人们誉为“信义兄弟”。

（二）宽容与平等原则

1. 宽容

人无完人，金无足赤。人人都会犯错误，人人都会有困难和出现意外的时候。我们不是神，是普通人，在工作、生活学习过程中难免会出现这样那样的小错误。当我们不小心犯了错误时，最大的愿望就是立即改正错误，减少损失，并得到宽恕。我们将心比心，当别人犯错误时，我们也要理解和体贴别人的难处和不得已，切不可盯着别人的问题不放手，这不利于团结和不利于问题的解决。相反，如果我们有一颗包容的心去面对和处理人与人之间的问题时，会收到非常好的效果，会得到别人的认可和支持。

2. 平等

人人生而平等。每个人都要克服特权和优越感的思想，要从思想的根本上认识解决问题。公民在法律和制度面前人人平等，党员在党章和党纪面前也是人人平等。不因为身份特殊就搞特殊化，相反那些凡是凌驾于制度和党章之上的特权人都受到了法律的制裁。更不要因为自己比别人在某方面成绩突出或者物质优越，就表现出不尊重和有不平等的思想和行为发生。

（三）分寸与尺度原则

在交流和沟通的过程中一定要把握好分寸和尺度，什么样的话该说，什么样的话不该说，以及话该如何说都要深思熟虑。切不可乱开黄腔，说出去的话，就如泼出去的水，覆水难收，所以一定要把握好尺度。注意到说话的原则。一是要讲事实，不讲情绪。二是不伤人，好的话让人心情愉快，不好的话如六月飞大雪，让人心情糟糕，甚至产生仇恨心理。

故事：有一个人从深山里捡到了一只小狗熊，并一直养着这个狗熊。有一天这个狗熊把邻居家的一片玉米糟蹋了，邻居找上门来。他很生气，拿起棍子对着狗熊就是乱打，而且边打边骂："畜牲始终就是畜牲，我白养你了。"打完后，他把狗熊赶出了家门。第二天，他后悔了，可是狗熊已经走进了深山。他很后悔，可是再也找不到狗熊了。一次上山打猎的时候，他碰到了一只老虎，手无寸铁的他想："糟了，这次死定了。"他绝望地闭上了眼睛，等待命运的审判。突然，他听到了搏斗的声音，睁开眼睛一看，原来是那只狗熊回来了。狗熊把老虎赶跑了，他高兴地上去爱抚着狗熊说道："太好了，上次我打了你还疼吗？你跟我回去吧！"

狗熊说："早就不疼了，可是你说过的那些话却还在让我疼，而且很疼很疼。"狗熊说完头也不回地回到了后山中。

通过这个故事，我们知道对别人有所伤害的话，就像钉子一样，尽管你能取出来，可是你留给别人的伤害就像钉子留在树上的疤痕一样永远消除不了。

因此，说话很重要，伤人的话一定不能说，特别是交流和沟通时更不能出言不逊和恶语伤人。

（四）交流与互动原则

沟通一定是两个人的事情，而不是某一方单独的事。要想解决问题，达成共识，一定要照顾双方甚至多方的利益诉求，考虑一定要周全，一定要四平八稳。也就是在交流和沟通过程中，要有互动性，不能一个人在那里滔滔不绝，也不能是对方一直讲，自己一言不语，都会造成不好的效果。一方面可以让对方先讲，表示出低调和尊重，听清对方的诉求，再寻求解决问题的思路和思考语言的组织。另一方面，表达自己的观点时要照顾对方的立场、态度和诉求。切记不可争吵和被对方激怒之后，乱了方寸，从而影响后面的交流和沟通。

（五）针对性与智慧原则

交谈要有针对性，就是要看对象，不能用一种方式、一种语言和一个腔调讲到底，要学会到什么山唱什么歌。主要是看交流对象的身份、职业、年龄、文化程度、性别、文化习惯等。这就要求交流者要有丰富的知识、敏捷的思维、丰富的语言以及丰富的阅历和积极的态度。

曾经有一个年轻的农学教授到农村去推广新的种子和帮助农民栽植新的品种。结果这些农民却不怎么买这个教授的账。原来是这个教授自以为知识渊博，言语中透露着清高和斯文，不愿意跟农民朋友有过多的接触。后来，科研所的另一位老教授来到这里与农们一样盘坐在地上，讲着一样的话，很快与农民们打成一片，相处融洽，工作任务也很快完成。

（六）委婉与幽默原则

俗话说，多说话不如少说话，少说话不如好说话。好心有时候却比不过一张好嘴。心好本是最大的好，但仅仅是心好，却不够，还要做到语言好、行动好。若语言不当，或者不讲技巧和方法，好心也不能办成好事，甚至是费力不讨好。所以说话时要注意语言表达的技巧和方法，说话不能太直，说话时要照顾当事人的心情、面子等，一定要委婉或者拐一个弯。言为心声，语言是心的表达，心里怎么想的，一般都会直观地呈现。但是，在讲话的时候考虑到当时情形、环境和状况，注意说话的态度、方式方法和技巧，委婉地表达出来，一定会收到很好的效果。

幽默是语言和交流沟通的最高境界，懂得幽默的人一定是交流和沟通的高手，可以为生硬的场面瞬间营造出轻松而愉快的氛围。

（七）知识与换位原则

交流和沟通说到底考验的是一个的口才，也就是说话的能力。说话是输出，要想输出就得要先输入，只有输入得多，存储得多，再经过大脑和运算器加工处理之后才能正常输出。这里的输入指的是知识的积累，主要是通过看书、实践和听别人指导等形式获得。而口才更是一个人综合能力和多方面的素质的展现。要具备渊博的知识，有足够的信息量；要具备敏锐的观察能力，能够深刻地认识事物、准确地理解事物；要具备辩证唯物的科学思维，同时还要具备良好的应变能力。因为，讲话不仅仅是一个人语言表达技巧的问题，也是一个人的记忆能力、观察能力、思维想象和创新能力以及应变能力的综合反应。因此，要从学习和实践中培养自己的品德和才识。

百善孝为先，万事德为首。品德始终是一个人立身处事和做人为人的出发点，决定认识的高度和立脚点，决定一个人的价值观。而光有品德还不够，还要有才识才行，才识就是知识和才能的综合，才能也是由知识转换和消化吸收而来的。知识丰富的人必然会见多识广，处理事情的角度必然更加不一样。因此，我们要努力增加自己的知识面和视野。

第三节　演讲案例赏析

演讲说到底就是演和讲，讲的内容十分关键，很多同学上台开口说话和发言不知如何入手和开口。为了帮助大家理解和着手准备，笔者准备了一些生活中的实际案例，虽然水平不是很高，但有一定的借鉴和参考意义。

竞聘演讲案例赏析

在某高校二级学院团总支书记学工办主任竞聘大会上竞选演讲

尊敬的 × 校长、各位领导，老师们！我叫 ×××，今年 34 岁，2005 年至今先后担任物信系辅导员、计算机学院团总支副书记、软件工程学院团总支书记。在学校“逐梦、求真、游艺、向善”的基本定位和“引导、训练、治理、帮扶”工作思路的指导下，本着以落实应用型人才培养为中心，促进青年团员成长和发展为宗旨，扎实有效地开展学生团学工作，现汇报如下：

一、当好“贤内助”——常规管理规范有序

按照常规工作流程化、规范化的要求，建立健全学院学生工作管理机制和运行体系，为学院在教育管理、学生素质培养、就业创业、校友会、关工委、党务与党员发展等方面出谋划策、积极作为，有效地当好了“贤内助”。

二、当好“引路人”——平台搭建助推学子成长

（一）以核心价值观为引领，加强大学生思想政治教育工作

一是结合重大节庆日，邀请抗美援朝老兵作现场报告、观看励志电影、到永川烈士纪念碑、重庆白公馆（渣滓洞）开展爱国主义教育实践活动等20余次。二是依靠团组织生活，扎实开展“四进四信”“讲文明展文理学子风范，树新风立当代青春榜样”等团员主题教育实践活动36场。三是依托校友资源，邀请优秀校友，举办以“人生·梦想·创业”为主题的梦想沙龙、讲座等10余次。

（二）加强干部培养，构建学生干部精神家园

一是开设应用文写作、图片拍摄、大学生礼仪与干部形象等课程，加强学生干部基本技能。二是开设《榜样的力量》《追求一点科学精神》等主题报告，提升学生干部素养。三是邀请企业主管、行业专家、政府官员开设沙龙与讲座，提升视野和理念，促进学生干部快速成长。

（三）开展特色活动，培养学生综合素质和专业技能

一是开展“讲父母的故事”征文演讲比赛、“让歌声走进教室”歌咏比赛、“模拟职场大赛”“主持人大赛”“书香软件”读书活动等，培养团队凝聚力，提升学生综合素质。二是实施“导师制 + 俱乐部”“团总支 + 教研室”“辅导员 + 专业教师”三大互动模式，开展以IT文化艺术节为主题的打字比赛、计算机组装大赛、程序设计大赛、计算机知识竞赛、网页设计大赛、PPT制作大赛、互联网 + 等专业活动，以赛促学，提高学生的专业技能，四年来获得市级以上奖励167项、学生科研41项、专利（软件著作权）10余项，发表论文50余篇，创办大学生（校内外）微型企业20余家。三是积极与老协联合开展社区市民学校暨计算机一帮一互助活动10期，招募志愿者200余人，帮助离退休老教师100余人，受到离退休教师的肯定和表扬。

几年来，学院先后被评为重庆市社会实践先进集体、重庆市五四红旗团总支和校级五四红旗团总支称号。

三、当好"有心人"，努力搞好教学科研工作

2013 年，获首届周末思想政治教育课讲课比赛一等奖、重庆市创业就业讲课比赛优秀奖，2014 年指导作品《重庆永爱科技有限公司》获"创青春"全国大学生创业大赛重庆赛区金奖和全国铜奖。几年来，发表科研论文 15 篇，结题校级和区级科研项目 2 个，获博文大赛优秀奖 1 次。

四、当好"谋划者"，积极思考下步工作

时代以奉献为荣，进步以参与为时尚，生活在于主动，工作在于投入。带着为学校的发展服好务，为学生的成长尽点力的想法，再次竞聘软件工程学院团总支书记，若能当选，我将在学校及学院领导下，围绕大学生生命教育主题，开展"学校、家庭、社会、教师、家长、学生"六位一体的实践活动；围绕职业生涯规划，开展"专业、学业、就业、企业、行业"五位一体的互动实践活动；以互联网 + 为主题的大学生创新创业教育实践活动；以"学会做人、学会做事、学会健体、学会求知、学会创造"五学活动提高大学生综合素质能力。

古人云："不可以一时之得意，而自夸其能，也不可以一时之失意而自坠其身。"不管结果如何，我都将以这句话自勉，一如既往地勤奋学习，努力工作。

谢谢大家。

演讲比赛案例赏析

案例一

演讲者，胡远莉，中共永川区委宣传部宣传科长，2016 年参加"中华魂"理想点亮人生主题教育活动中荣获重庆市演讲比赛获二等奖和全国三等奖。全文如下：

你若盛开，清风自来

说到理想，许多人都会回忆起小学时光，那个沸腾的教室，那张陈旧的课桌，那本稚嫩的日记，那些我们似懂非懂的豪言壮志……

我也不例外，想起了那篇永生难忘的理想日记：一棵树的理想，是在风雨中坚强挺拔；一朵花的理想，是在阳光下美丽绽放；而我的理想，是能以歌手的名

义幸福歌唱！

当语文老师用她甜美的声音读出这段文字时，当全班同学用羡慕的眼光看向我时，从不敢大声说话的我终于鼓足勇气，带着笑容在掌声中走上了讲台。

可当我一张口，一发声，掌声停止了："天哪，她的声音好难听。""简直就是破锣嗓子"。"这样还想唱歌，别把鬼吓哭了！"

一句句刺耳的话冲进耳膜，一道道鄙视的目光映入眼帘，我刚刚为理想而搭建的灯塔瞬间坍塌了！

由于家境贫寒，小时候一场未能及时就诊的疾病损坏了声带，使我只能小声说话。我爱唱歌，却从来不敢放声歌唱，我只能在我的作文里书写理想。可小小的我不明白，明明前一刻还掌声笑语，为何下一秒却跌入谷底！

泪水瞬间决堤，从此，再不开口唱一句歌，再不大声说一句话。

直到，那个阳光午后。

城市一个地下通道里，周末都有悦耳的歌声悠扬响起。那是一个瘸腿的高中生，我的同校同学，手持破旧木吉他在自由歌唱。每当经过他的身旁，我总会不由自主地加快脚步，似乎那个小小的角落里藏着野兽猛虎。

但那个午后，我站住了。他一如既往深情演唱。"哇，唱得真好！可惜是个瘸子。"女孩儿拿出10块钱放在他面前；"谢谢，我不是为这个，我只想让更多的人听到我的歌声，唱歌是我的理想！"

那一刻，童年的理想冲破紧闭的心门，开始拼命汲取人生的阳光雨露。从此，不管多少载严寒酷暑，无论多少次痛苦练声，我再也不曾退缩。可以每天5点起床，转6次客车，只为上一堂声乐课；可以一周泡在图书馆啃完整部《红楼梦》，只为唱好一首《红豆词》；可以每个周末勤工俭学，为了挣到上课的学费……

忘情逐梦，八年苦修。终于，我成功了！2005年，在第五届全国乡村青年歌手电视大赛上，我以一首土家族歌曲《阿妹出嫁》获得第一名！

歌德说："人人心中有盏灯，强者经风不熄，弱者遇风即灭。这盏灯，就是理想。"而我要说："理想的灯不怕熄灭，只要星星之火燃成燎原，就能点亮整个人生；理想的花不怕凋零，只要青春的光照耀着它，就能盛开整个春天！"

你若盛开，清风自来。亲爱的朋友们，请坚持吧，奋斗吧，为成功的飞翔插上理想的翅膀，让理想的光芒在青春里幸福歌唱！

案例二

演讲者余继军，性别，男，年龄36岁，时间，2017年11月，地点，重庆文理学院，时限5分钟内，全文如下：

不忘初心，勇担使命

最近，我们在网络上、报纸上、大街小巷的公益广告上都会看到几个醒目的大字：不忘初心！

然而，什么是“初心”？当别人问起的时候，似乎总感觉说不清、道不明。直到，看了中央电视台推出的公益广告《我是谁》才豁然开朗：“我是离开最晚的那一个，我是开工最早的那一个，我是想到自己最少的那一个，我是坚守到最后的那一个……”一个个基层党员温暖朴实的话语，传递了“不忘初心、继续前进”的正能量。

我校涂铭旌院士求学之初，亲身经历了“重庆大轰炸”，抗战的经历让他意识到个人命运与国家命运息息相关。“做工程师、做科学家，让落后的中国强大起来，让濒临破碎的中国重新站起来！”这个梦想，让少年涂铭旌立下宏愿——一定要做一名科技报国的“科学家”。从此，开启了他与共和国同行六十余载的“材料人生”，用一个个奇迹践行着“科技报国”的初心和坚守。

一个偶然的机会，我认识了今年75岁的“感动永川”人物邓贤英老师，并不富裕的她从2003年开始，每年拿出$\frac{1}{3}$的退休金资助贫困学生和需要帮助的人。老人说：“我刚退休时工资只有一百多块，现在三千多块，谁给的？党给的！我要那么多钱干吗呢？要给就给比我更需要的人吧！”老人说的最多的一句话就是“我是一名共产党员，这是我应该做的”。是啊，古稀之年，人生好多事可以放缓，她却用自己不间断为人民服务的实际行动践行着一名共产党员的初心和使命。

我的小学和中学是在万州一个小镇上度过的，那时的理想就是要好好学习，走出大山，报效国家。现在的我，有不错的工作，温暖的家庭，更扮演着一个重要的角色：大学生成长的引路人。虽然“报效国家”看似有点儿夸大，但在新时代的今天，不忘初心，依靠的不仅仅是隆重的大声宣告，而是对工作岗位始终如一的坚守。无论是涂院士“大爱无疆，科教报国”的材料人生，还是邓贤英老人慷慨解囊、乐善好施的奉献精神都让我“高山仰止，难以企及”，“虽不能至，心向往之”。党的十九大报告中明确指出中国共产党人的初心就是为中国人民谋幸福，为中华民族谋复兴。让初心有了民族的高度，有了梦想的光芒。作为一名普通的共产党员，我的“初心”就是做好自己的本职工作，时刻不忘“我是谁”；作为一名高校教师，我的“初心”就是：不断锤炼道德品质和提升教学技能，当好社会主义核心价值观的传播者，做好大学生成长成才的领航员，帮助每一名学生奠定美好幸福的人生基础。

朋友们，同学们，让我们“不忘初心，勇担使命”，努力为文理学院高水平应用型大学的建设目标贡献智慧和力量！

点评：一篇在5分钟以内的演讲稿，一般字数不得超过1300字。讲述结束，如果能让别人对你的内容记得大概，就算基本成功。本篇演讲稿结束后，咨询了相关评委的听众，对演讲者讲的三件事情都十分清楚，这样的演讲稿无疑是成功的。

发言案例赏析

团校育英才青春建新功

——在校团委2017年工作总结大会上的交流发言

软件工程学院余继军

尊敬的××书记、各位老师、同事们：

大家上午好！非常感谢校团委给我机会在这里和大家分享汇报软件工程学院2017团校的开办情况。我汇报的题目是《团校育英才，青春建新功》，下面我将从基本情况、具体做法、问题不足三个方面进行汇报，敬请批评指正。

一、基本情况

在校团委两位书记亲切关怀和××老师多次亲临现场指导下，2017年我院共开展团校培训班2期，培训学员120余名，每期课时20余节次，其中理论学习8节次，社会实践6节次，红色教育3节次、能力训练6节次、集中交流研讨2次，共邀请了12名校内外教师为团校学员授课，发放书籍和学习资料300余册；学员撰写心得体会120余篇，成功竞选各类干部50余名，参与科研立项3项、省级获奖4人次，五四评优26人次。

二、具体做法

（一）领导重视，精心策划

团校工作事关学生干部成长和发展，学院党政领导高度重视，在党政联席会上专题研究和部署教学内容、培训师资、学员招募、教学管理、结果运用等相关工作。学院成立团校工作领导小组，明确职责、责任到人，保证团校顺利开班，有效推进。学院十分重视仪式对学生的教育和影响，每期开班典礼隆重而规范，党总支书记主动参加开班典礼并亲自为学员讲授党团理论课。

（二）发挥作用，引领发展

一是充分发挥党员示范带动作用，让党员参与团校事务管理，引领青年团员成长发展。二是充分利用党员活动室，让部分党员结对帮助团校学员，定期到党员学习室自学和交流讨论，形成党建带团建，团建促党建的格局。三是邀请部分优秀学员参与学生支部活动，如赴重庆革命圣地红岩陈列馆参观等。

（三）内容丰富，形式多样

严格按照校团委要求和规定设置了团校教学模块，同时还有以下特色活动：一是邀请聂荣臻元帅精神报告团为团校学员作精彩报告。二是组织团校学员观看《建国大业》《第一书记》等爱国励志电影。三是为团校学员开设公文写作、新闻撰写、演讲与口才、礼仪与交流等能力素养课程。四是强化实践应用，与计算机俱乐部、爱心中转站、永川尚善义工合作到文理学院老协文化艺术学校、永川敬老院、仙龙镇敬老院等开展社区志愿服务活动。

（四）加强管理，保证教学

一是出台团校管理规定，让学员签订学习承诺书，做到每节课有考勤、每次教学周有通报，每期有考评和简报，并将考评结果向辅导员反馈，共同加强教育和管理，以确保团课出勤率。二是精心设置教学内容，做到既完成学校规定，又结合学员需求，还考虑课程实效性，以确保课堂抬头率。三是划分小组，选拔小组长，让学生自主管理，共同研讨问题，激发学员学习积极性。

（五）强化考评，运用结果

一是团校合格毕业，才能进入党校学习的氛围在学院已经形成共识。二是严格按照管理规定评选优秀学员，同时结合学习过程和考评结果。三是推荐优秀学员参与学院干部选拔、各类比赛、评奖评优竞争。

三、问题与不足

一是与学员的交流和沟通不够，倾听学员呼声太少。二是学员回答问题的积极性和与老师的互动性有待进一步提高。三是社会实践活动的形式和内容还有待进一步创新和加强。四是学员对课程内容和知识不能及时消化和吸收。

时代是出卷人，我们是答卷人，人民是阅卷人。在校内举办团校是校团委根据时代要求给们二级团总支出的一张试卷，作为团总支书记，应带领广大青年团员答好这张试卷，让学生在成长中得到实惠，让人民在阅卷中满意。

谢谢大家！

第三章　写作能力提升

写作和口才一样都是思维的逻辑表达。会说话的人被认为是有口才，有口才的人不一定会写。但会写作的人更会被认为是有思想和有水平。因此，作为现代大学生，特别是 IT 工程相关专业的学生一定要学会写作语言的表达。因为，写作是大学生职业素养的一个核心技能和必须掌握的能力。同时，要用到写作的地方太多，如工作计划、总结、活动方案、工作报告、项目计划、调研报告、论文以及新闻通信等。有的需要我们深入掌握，有的则只需要我们了解便可。

第一节　写作基础

一、为什么要强化写作技能

1. 信息化时代写作是一项最基本的沟通技能

当今社会是新媒体蓬勃发展的时代，微博、微信、QQ 空间、知乎等社交和信息平台越来越受到广大青年的喜爱，这些新媒体主要是以文字、图片、视频、VR 技术等多媒体手段为媒介。新媒体应用非常广泛，如单位微信公众号、个人微信平台，如何宣传个人和单位的品牌呢？那就是持续地宣传和发布属于自己的特色，而在这个过程中，文字的表达具有不可替代性，具有点亮之笔的重要作用。社会不管如何发展，文字的表达始终不会过时，而且越来越重要。我也始终相信文字是有力量的。因此，每一个大学生都应该把写作当作综合素养中的一个重要技能，当作交流沟通和表达自己观点、思想的重要手段，更是自己著书立说形成一定研究成果的基础。

2. 科学时代写作是生产和科学实验必不可少的重要工具

这里主要指的是应用文书的写作和科研论文的写作。就应用文书而言就太多了，大到如工作计划，小到如收条、借条、证明等，作为一个大学生虽说不一定从事文秘或办公室工作，但一定清楚和知晓基本应用文的撰写方法和技巧，以便不时之需。科研论文，主要有毕业论文、课程论文、发表的期刊论文等。要想自己的专业水平和学术素养能够不断提高，就要通过不断写作和撰写大量的科研论文来实现。在经常性地写作中增强自己书面语言的表达能力、逻辑思维能力以及分析问题和解决问题的能力。

3. 日常生活中写作是表达思想交流抒发情感的载体

马克思主义关于人的本质的思想告诉我们：人是社会关系的总和，人是不可能离群索居的。人总是要与别人交流情感和交换意见的。交换和交流的方法有很多，如电话、视频、面对面等方式。但有时候总要用书信、文章、散文、诗歌甚至公开文章的等形式来表达，也就离不开写作即写文章了。工作中，还要用到工作总结、工作报告、请示、通知、证明、函复、活动方案、调研报告等。因此，加强生活和工作中的写作水平和能力是大学生一个基本能力，应该加以重视和训练。

二、写作的本质和提高途径

计算机相关专业的学生都学过冯诺依曼的计算机组成结构和程序、存储原理。大家知道计算机由输入、输出、存储器、控制器和运算器五部分组成。其实写文章跟计算机有些类似，都要依靠大量的输入（阅读）和头脑的运算（思维）才能有输出（写作）。输入的越多、资料越丰富和翔实，经过大脑处理之后形成的观点也很丰富和充分，从而输出（写作）时才会有“读书破万卷，下笔如有神”的感觉。再说得具体一些，写作就是资料的占有和观点的论证。资料的占有是基础工作，是低级的劳动；观点的论证是思维层面的工作，是高级劳动。人不可能一下就到高级劳动层面，而总是从低级劳动中不断总结提高才能走向高级劳动。

1．提升输入的数量

刚才谈到输入的形式有很多，如用眼睛看的有书籍、报纸、微信公众号文章、杂志、论文、文献资料；如用耳朵听的有交流、广播、电视、网络广播等，同时还有实地调研、走访、考察等多种形式。因此学习的方式是很多的，只有量的累积和大量资料的占有，才有可能获得全面的信息，才有可能对该领域进行深入的挖掘。也只有"深挖井"，才有可能在本领域有深入的见解和独到的观点，写出与众不同的文章来，也就是深入的研究。马克思在撰写资本论前，阅读了大量的文献并在实际的社会生活中做了大量的调研。在他阅读过的书籍中，有记载的记录就已达到1500多本，撰写的读书笔记有150多本，达400多万字。可见，要想写出好文章，一定要做到详细地搜集和占有相关领域的资料，加以批判地阅读和分析。曹雪芹在《红楼梦》里面也强调"世事洞明皆学问，人情练达即文章"，也就是要做到熟悉生活和生产实际，同时要对知识材料不断积累。

2．提升输入的质量

鲁迅先生提倡去粗取精、去伪存真的学习技巧。也就是我们要提高阅读的质量，要想提高阅读的质量无疑要从阅读源头开始，那就是学习经典的书籍。经典书籍经过了时间和空间的检验，得到了历史的认同和人们的认可，具有鲜明的观点。首先要从挑选书籍上下功夫，可能这里也要遵循一定的原则即选书的时间同样重要，比如，可以通过评论和阅读量以及推荐度等相关指标来辨别。其次，不要花时间阅读不重要的书籍或者垃圾信息，它会占用大量的精力和时间，但又没有什么效果。现代人习惯碎片式的学习方式，本没有问题，但是不要被不重要或者五花八门的娱乐信息占据时间，如微信和微博中大量的负面信息和不重要的信息太多，很容易分神和形成负面的影响。为什么有的人一定要从名师和跟大师呢？就是这个道理，从一开始就要学习经典和权威。

3．提升输入的效果

三毛曾经说过："书读多，容颜自然改变。"沈从文也说过："读书是让我们变得高贵的最好途径。"因此，读书对于我们来说是一件非常重要的事情，要把它变成生活甚至生命的一部分。全世界年平均读书最多的国家是以色列，平均每人60多本，而我们中国人的阅读量不到5本。所以，以色列是一个创新型的国家和发达的国家。但阅读量的多少不是目的，吸收和消化才是最重要的，同时应用知识和信息才是我们的终极目标。因此，读书一定要有方法和技巧。要不然有的人为什么经常读，却经常忘记呢？怎样做呢？其实也简单：一是要精读和细读，读的过程中要做读书笔记，摘抄关键词句，以帮助记忆，隔一段时间还要返回去阅读以加深印象。二是要带着问题阅读，同时在阅读的过程中要多思、多想，多问几个什么。读书的方法和技巧还有许多，每个人适用的方法和时间也不一定相同。这需要根据自己的时间和习惯而确定，但有一点，只要确定要读的书，一定要在规定时间内完成并消化吸收成自己的东西，最有效的办法就是你看完一本书或一个章节，能否用自己的话讲出来或复述出核心要义。

三、写好文章的要素

（一）主题

所谓文章的主题，就是作者在说明问题、发表主张或反映生活现象时，通过全文内容表达出来的某一基本意见或中心思想。写文章都是有目的的，都是为了宣传或者表达某一个观点甚至是思想，都是为了去影响他人的思想或者行动。举办的各类学生活动中，往往都有一个主题，有了主题活动才会有魂，才会有鲜明的特征。写文章也是一样，也要有一个主题。因为，主题就是中心思想，或者叫中心论点，才能达到自己赞扬什么、表达什么、不赞成什么或者是反对什么的目的。

1. 主题的意义

一篇文章质量的高低除了有清楚的表达和遣词造句的准确以外，就要看是否符合正确的主题和价值取向。前面我们谈过要有大量材料的收集，才能取得翔实的素材，才能为写好文章奠定基础。但是如果文章缺少鲜明的主题，拥有再多的材料和素材，也是枉然，毫无意义可言。主题不突出，中心思想就不明确，那文章就显得暗淡无光。因此，主题的第一个作用就是灵魂和核心。

文章由主题、结构、材料、语言等因素决定质量的高低，但决定这些因素的关键却是主题。主题也相当于文章的立意，立意就是中心思想，有了立意就相当于公司有了总经理、军队有了总司令、学校有了校长。古人有“决在笔先”的主张和提法，也就是说在下笔写文章之前，一定要把文章的立意和中心思想先进行确定。即主题的第二个作用，总负责人和总负责的作用。

2. 主题的提炼

一篇文章若没有提炼，那就只是文字的堆砌，显得不够精练，毫无可读性，没有文风之美。就好比原野中的各种矿石，若不经挑选，就不能加工成有用的零件，更谈不上精美的工艺品。因此，提炼文章的主题就是一个去粗取精的过程，这也是一个思维的过程，也属于高级劳动的范畴。

提炼主题就是要抓住事物的本质和特征。本质的东西属于内因，也即内部规律。本质是客观事物的反映，特征是个性的体现。也只有经过深入的观察和仔细的研究才能抓住事物的本质和发现事物的个性。因此，在写作过程中对主题的提炼也是一个思维运动变化的过程。怎样操作呢？也很简单：一是语句要精练。二是用词要准确。三是词性要符合意境和文章主题。

（二）材料

有了明确的主题和写作方向后，接下来就应该收集大量的素材，也即占有大量的材料。材料的占有形式很多，一是撰写人本身具有渊博的知识和丰富详实的数据，略加思考和谋篇布局之后，提笔就能完成书写。二是要根据主题和内容收集大量的资料，在庞大的资料信息中进行甄别和筛选，整理出有用且符合主题的素材，最后对这些素材进行加工处理，用于各章节内容中，或作案例或作数据支撑。因此，资料的占有是第一位的，是基础，越多越好。比如，为什么撰写论文前要求作者阅读本领域里大量的文献综述呢？因为，只有阅读了本研究领域里的权威观点和有一定深度的论文后，你才有一定的理论基础和积淀，才能在此基础上发现存在的不足和有突破的切入点。如若不然，研究和提出的观点就有一定的局限性，站位就显得不高，对该领域的研究就不够深入和专业。

1. 材料占有的重要意义

（1）**材料是形成观点的基础**。写文章都是要反映一定的思想或观点，文章都是来源于现实生活的，是现实生活的真实写照和升华。因此，文章不能脱离现实生活。但仅仅是现实生活的文章又不会那么生动和有思想性。因此，总要通过收集一定的反映现实生活的材料之后，经过人们的提炼和按照一定的逻辑顺序安排，加工成具有一定思想和理论的东西，通过一定的语言表述出来。

（2）**材料是形成主题的支柱**。说话办事或者讲理评估下结论的时候，我们总喜欢用讲事实、说道理的形式。这里的事实就是材料的占有，也就是要举例，道理就是观点。观点靠事实来支撑，不然就是空架子，是没有说服力的。事实靠道理来表述，没有一定的道理又显得理论不足。因此，材料的占有，也即事实的占有显得十分重要，是整个文章的支柱。

2．获取材料的主要途径

现代社会是信息社会，互联络的普及和广泛使用，让每一个人都能在极短时间内获取以往数倍的信息。“一机在手什么都会有”的时代来临，实现了古代“秀才不出门，尽知天下事”的梦想。获取信息的方式数不胜数、应有尽有，现介绍几种常用的：

（1）**调查研究**。在研究和写作过程中，有一个重要环节就是调查，调查有很多种方式，有实地走访调查，有座谈调查，还有问卷调查等多种形式。调查法是获得第一手资料的重要手段，在材料的占有中有着重要作用。没有调查就没有发言权。可见，调查研究的重要性。

（2）**信息检索**。当前信息检索的方式比较多，如论文检查方面有世界三大检索收录数据库。三大检索指的是：SCI（科学引文索引）、EI（工程索引）、ISTP（科技会议录索引），是世界著名的三大科技文献检索系统，是国际公认的进行科学统计与科学评价的主要检索工具，其中以 SCI 最为重要。国内几大检索收录数据库分别是维普、万方、中国期刊网（或称中国知网、CNKI）、百度学术以及各种硕博论文库。检查的方式有关键词、作者、书名、单位等。

（3）**观察体验**。鲁迅先生曾说过：“留心各种各样的事情，多看看，对于任何事物，都要观察准确、透彻，才好下笔。”这充分说明观察对于写作的重要性。要求观察事物时精力一定要集中，因为只有精力集中才能发挥耳目五官的效果和作用。所谓“心不在焉，难成一事”。因此一定要耐心细致、精确，同时在观察事物时要做到辩证思维，将事物的外观、里子，现象和本质，状态和原因以及过去和将来等进行深入思考和细致分析。观察得多了，也就有了一定的经验和积累。只有积累多了才会写作，所谓“读书破万卷，下笔如有神”。只有多读书、多观察、多学习才能积累一定的知识量，才会出口成章、文笔流畅，信手拈来。

3．遴选材料的三个步骤

（1）**收集**。写作是一个系统的思维过程，在于对基础材料的加工和整理，按照一定的逻辑顺序和思想观点进行表述。那么当确定了中心思想或写作主题之后，就要收集大量的素材。收集的材料越多越好，只有收集得多，才有可能更加全面地了解事物的本质。“任何质量都表现为一定的数量，没有一定的数量也就没有一定的质量。”因此，不管写作什么主题的文章，都要尽力收集资料和素材。既要收集背景资料，也要收集现实资料；既要收集宏观综述材料，也要收集微观具体材料；既要收集直接材料，也要收集间接材料，同时还要收集正反多方面的材料。

（2）**甄别**。即使收集的材料再多，不加以鉴别和筛选，也是没有价值和意义的。因此，我们收集了一定数量的材料之后就要进行甄别和遴选。甄别和遴选材料的原则就是看素材是否与我们的主题相关，涉及的数据和事实是否有用，是否有代表性。只要做到了以上三点就做好了甄别工作。

（3）**使用**。前面所做的一切工作都是为了材料的使用，使用才是目的。材料使用的关键在于灵活运用和恰如其分的表达。当然在使用之前，也即写作之前把材料做适当整理和编排是很有必要的，如以时间为序进行材料安排，以表现主题的重要性和紧密性进行梳理等。总之，要恰如其分地进行安排和撰写，使其详略得当、浓淡相宜。使用的另外一个技能，即作者的文字驾驭能力，主要体现为遣词造句、描写叙述、润色理顺等，这既是基本功也是技术活儿。

（三）结构

建筑物能够屹立千年不倒，除了夯实的地基以外，就是房屋的结构在起主要作用了。一篇文章也是如此，要有好的结构才能展现文章的主体思想和表达主题，也即谋篇布局要到位。因为，任何一件事情都有它的前因后果和来龙去脉，都有相关事物的联系性和特殊性。说不清楚，往往是因为思路不清楚。思路不清楚，往往也写不流畅。所以，只有思路清晰，才能清楚地表达；只有思想周密，文章结构才能严谨。可见，文章的结构取决于作者的思路。一般写作时采用拟定提纲的方式来搭建结构，同时还要注意到以下几点：

1. 文章的结构要与文章的主题和中心思想相匹配

写文章总要达到一个目的，阐述一个观点，突出一个中心思想。为更好地表现主题，文章在开头、过渡、高潮、结尾等方面的安排和设计都要根据主题而定。怎样处理呢？就是要做到层次清楚、段落分明、详略得当。毕竟主题才是一篇文章的灵魂和将军。

2. 文章的结构要突出事物的内在联系和客观规律

要说清楚事物的内在联系和客观规律，就要讲清楚事物的本质，就要从是什么、为什么、怎么样三方面来进行表述，同时要按照一定的逻辑顺序即提出问题——分析问题——解决问题来说清楚事物之间的相互联系以及找出事物最具有本质的特征。

3．文章的结构要适应和满足于不同的体裁

不同的体裁，有不同的结构，文章并不是千篇一律的。如诗歌是分行分节的，结构层次讲究起承转合。小说以讲故事为主，讲究情节冲突和人物塑造，结构安排具有多样性。议论文不一样，讲求问题导向，存在什么问题、如何解决问题等结构思路；在充分掌握材料的基础上，以论证为主。在论证中通常是先引入一个观点A，再通过观点A引出A’，接着说明A和A’的关系及联系，最后得出结论A’’。因此，体裁就决定了文章的结构。

（四）语言

高尔基在《和青年作家谈话》一文中讲到："语言是文学的主要工具。"准确而熟练地掌握这个表情达意的工具，不仅对作家有着重要意义，而且对每一个学习写文章的人来说，都是提高文章思想质量和艺术质量的突破口。

1．语言表达的原理

一个人要表达自己的思想，有两种非常重要的方式和途径，一是说话或者演讲；二是通过写作。语言文字是思维的载体，通过话语或者文字表达的过程，也即梳理自己思维，提升逻辑思维能力的过程。因此，只有思风发于胸臆，言泉才能流于唇齿。所以，不论是口头表达还是书面写作，都会受到思想的领导和制约。

（1）**清晰**。清晰和明确的语句总让人感到坚定和果断。但有的语句读起来却不是那么明晰，甚至还不通顺，其主要原因是文章的思路没有理顺和思想性不够。再具体而言是作者对叙述或描述的事情没有做到充分的了解、没有将事物理解透彻，没有将所阐述的道理吃透。因此，一定要将事物理解透彻、思路理顺，做到清晰和思想明确，自然就能写清楚。

（2）**深度**。没有将事物理解到一定的程度，其实也不能写出有深度的文章。所谓"广积粮、深挖沟"就是说要做到广泛地积累，同时要练好内功。也即要深入地研究，其主要还是在思想和认识层面，所谓思想的深度决定语言的丰富程度。思想开阔的人，其语言蕴含的信息和内容就多。因此，要加强对事物的认识和理解，只有深入的研究才会有深入的理解和透彻的认识。

（3）**新意**。文章不能千篇一律，不能总是一个模样，不然读者就没有兴趣。如有人描写春天总会用到万物复苏、大地一片绿色和春意盎然等词汇。要想文章有新意就一定要做到有真实的感受，要有真切的体会和见解，找到不同的视角和切入点，然后再写出文字，才能给人以新的感受。说到底真情实感是基础，思想性是核心。因此，高深的思想、精辟的语言和新颖的视角加在一起，就是一篇非常好的文章，一篇受读者喜爱的文章。

2. 语言表达要准确

准确才能传递正面的信息和有价值的信息。因此，准确的表达是写好文章的基础。那么怎样才能准确用词呢？首先要对事物有深入的了解和真实的情感。其次要做到精确用词、合乎语法。只要做到这两个方面就基本上可以达到准确语言的要求。同时还要注意到以下几个方面：

（1）**反复推敲**。反复推敲，体现的是用词的精确性。因为只有描述事物最本质和最有语意的词语才能让读者有身临其境的效果，才能起到文章是客观事物的反映的作用。法国著名作家福楼拜说："世界上没有两个完全相同的沙子，没有两只完全相同的苍蝇，没有完全相同的两双手掌，没有完全相同的两个鼻子。"因此，我们不论描写什么事物要表现它，唯有一个名词；要描写动作，唯有一个动词，要描写性质，唯有一个形容词。

（2）**辨析词义**。要想用词准确，还得注意词的含义。一字之差，往往是千里之别。如反应和反映，察觉和察觉，搜集和收集等都是不一样的，用在不同的语句里效果却不一样。

（3）**区别色彩**。用词的准确性还体现在词语的感情色彩上，如看这个成语或词是褒义的还是贬义的，是轻还是重，不同的词语所体现的分量是不一样的，描述的程度是不一样的。

（4）**符合语法**。语法即词的构成方法，通俗的说就是大家的说话习惯，也即规则。掌握了语话的习惯，加上一定的逻辑顺序，就可以很好地表现思想，变成可以理解的东西。一是写作时句子成分要完整，句子完整就要有主谓宾等主干，同时还要考虑枝叶即定状补。二是搭配要合理，即词语与词语之间，句子与句子之间的搭配要符合逻辑和顺序。

3. 语言表达要精练

精练是对写作最基本的要求，就是要做到精准而文字要少，并非文字越多越好。能用一句话说清楚，决不用两句话来描述，不要累赘和啰嗦。表达清楚，表达到位，表达透彻即可。

4. 语言表达要生动

生动即要求文章的形象性，让人有一种身临其境的感觉，好像自己感知到、体会到、察觉到，也就是文字要有美感和意境。

（五）标题

现代人看新闻或者浏览网页往往是先看标题，也就是题目。其主要目的是确认是不是自己喜欢的内容，如果是自己喜欢的或者关注的，才会有看下去的想法，不然就不会再往下看。因此，每篇文章的标题或者题目就显得十分关键。如在论文发表和课题申报时，往往评审编辑也只看标题和摘要，如果标题够新颖且符合期刊的需要，那么就会审核摘要。摘要内容符合要求后，才会去看文章的结构，也就是每部分的一二级标题，继而看全文。可见，文章是分层阅读和审阅的，在分层阅读的过程中标题起到了核心作用。那如何撰写一个高质量又吸引眼球的标题呢？

1. 题目是内容的高度概括和凝练

前面谈过，一篇文章中最重要的是主题，也即中心思想，但主题往往要读者阅读之后才会知晓。而文章的题目只需要读者一眼，即扫过便知。因此，题目（标题）是文章的第一印象，第一印象往往决定命运。若第一印象不好，再好的文章都不可能会吸引读者和观众。因此，每一个作者必须把题目起好。

2. 题目决定浏览量、转载率和下载率

互联网时代，到处都是微信公众号，根本不缺内容，即不缺少文章。但要想让微信公众号有一定的影响力，就必须要让文章活跃起来，就要有人去阅读、去点击和转载。知网下载率比较高的文章往往首先是文章的标题吸引人，直接点题或者是能够让人一眼就知道这篇文章是研究什么、解决什么的。那么要达到以上效果，就必须要有一个好的题目或者好的标题。因此，题目决定生死和命运。

3. 取好标题或题目的技巧

起标题是有一定的技巧和原则的，主要是以调动读者的好奇心和心理情绪最为关键。在这个原理的基础之上也要看是写什么文章，如新闻、论文或者是汇报、交流发言稿等各有侧重点和倾向性不同。如果是应用文则基本上属于固定格式，几乎没有发挥的空间。但如果是网文，自由而灵活，发挥的空间都大得很。下面主要以网文为例说明起好题目的技巧：一是共鸣性：共鸣有多方面的，如理念和价值方面的共鸣，作者替你说出你心里想说而没有说出口的话，引起强烈的共鸣，读者都愿意接受自己认同和喜好的内容，这本身也是对自己理念和价值的一种认同，这样的标题往往能够起到很好的点击量。二是好奇心：标题带有强烈的可读欲望。三是突出危害和负面：人天生有追求美好事物的心理，但在一般状态下人们更愿意或情不自禁地去看负面的危害性大的信息。四是突出需求性，这类题目主要是针对一些现象和人们的需求及时做出的回应，如《大学生如何在毕业即获得工作经验》《年薪十万，如何在大学毕业时就做到》《大学生求职技巧与经验 50 谈》等。

（六）文章的修改

俗话说，好文笔是练出来的，好文章是修改出来的。一般来说文章写好了要经过多次修改，甚至要放一段时间之后才能把文章写好。杜甫曾经说过："语不惊人死不休。"在反复打磨和细致推敲的过程中，不断凝练使之成为精品。在修改的过程中主要涉及增加、删除、改动、调整等方面，但不仅仅是这些方面，还有主题的变动、观点的修改、内容的增删、结构的调整以及语言的润色等方面。由于我们不是教授具体的写作课，这些内容就不在此处赘述。但要提出来，让读者明白和知晓文章要不断地修改和打磨，并非一蹴而就。

第二节　新闻稿写作技巧

为什么在本书里还要介绍新闻写作呢？是因为，在自媒体时代，每个人都是传播主体，都有发布消息和接收消息的需求。为了加强宣传和推广，各种公众号更是层出不穷。因此，基本的新闻写作知识和技能，既是现代大学生的一个基本工作技能，也是 IT 工程类专业学生职业素养的体现。

一、新闻写作概述

（一）新闻到底是什么

什么是新闻呢？新闻是用来干什么的呢？简而言之，新闻就是用来传播信息的。梁衡说："新闻是受众所关心的新近发生的事实的信息传播。"通俗的说，新闻就是新近发生或者发现的重要事实的报道。狭义的新闻一般也特指消息，本章也重点介绍消息写作相关内容。

（二）新闻写作的要素

新闻六要素，即时间、地点、人物，事件的起因、经过和结果六个方面。如果把新闻的六要素概括成一句话就是：什么人在什么时间在什么地方做了一件什么事情，这件事情出现了什么样的影响和结果。这几乎是一切新闻报道最核心的要素内容，一切新闻报道都是以此六要素为核心进行宣传和报道的，只是报道宣传中使用的方法、角度、技巧、深度等不一样而已。

（三）新闻写作的原则

新闻不同于一般的文学创作允许有自己发挥的想象空间，新闻只能是真实、客观、准确地进行事实报道。因此，新闻写作的三个基本原则就是真实、客观和准确。真实就是对新闻的演进事实进行全面真相的报道，不能有主观思想在内。客观就是在报道中要使用中性词和客观实际词，不能用修饰和渲染的词汇，记者在报道中不能有自己的观点和思想，应该对新闻的背景、事件来龙去脉做清晰的交代，使用采访对象的话要原文使用，不能修改和润色。

（四）新闻写作提要

掌握新闻写作的结构、主题、角度、来源、语言、引语等提要有利于加强写作水平。在新闻写作中一般采用倒金字塔结构。新闻消息的主题一般比较单一，即一事一报或一人一报，切忌一文报道多个新闻。角度，就是记者站在什么位置和视角来宣传报道事情和人物。来源主要指的是新闻出处。新闻语言一般要求准确、通俗、简洁、形象等。引语一般是记录新闻对象说的话，加深新闻的印象和出彩性。

（五）新闻写作结构

任何文体都有它的结构，新闻的结构主要由标题、消息头、导语、主体、结尾五个部分组成。

1．标题

俗话说："看书看皮，看报看题。"新闻写作最重要的就是标题。因为标题是新闻内容最准确、具体、凝练的文字最重要、最精彩的信息呈现。新媒体时代，新闻的标题更是关系到阅读量和点击率。标题一般有单行、双行、三行三种。消息一般为单行标题，简洁准确概括最重要的事实。标题需要构思和凝练，不要为了吸引眼球，而打擦边球，借题发挥，被称作“标题党”。

2. 消息头

消息头也叫电头，是新闻特有的标志，说明新闻版权的归属问题。完整的消息头是：通讯社＋发稿地点＋发稿时间＋电讯，如“新华网重庆4月20日电”。电和讯是有区别的，电主要指是外地发来的稿件，讯一般是本地采写的新闻。

3. 导语

导就是前面，也即新闻的开头。万事开头难，可见导语不太好写。但还有一句话：好的开始就是成功的一半。只要写好了导语，新闻就成功了一半。因为后面的内容都是围绕导语进行阐述的。导语一般而言就是新闻的第一段，字数一般在35~50个字，最多不超过100个字。导语要求做到简洁明了，把最精彩和最重要的事实简明扼要地告诉受众，一定要有吸引力，不然很难吸引读者看下去。

4. 主体

写好导语之后就要去撰写新闻的主体内容了。主体是对导语进行进一步解释、深化和具体化。对导语中涉及的内容，进一步提供有关细节和背景材料，使其更清楚、明确、具体。同时补充导语中未提及而又能表现新闻主题的事实和其他要素。一句话或者一段话的导语只适合发说说或者微博，刚好容纳140个字。而要全面、清晰地介绍故事的发展和新闻的展开，就要通过新闻的主体进行叙述。主体可以按照新闻发展的时间为序，也可以按照轻重缓急的逻辑顺序来描述。千万不要记流水账，一般是截取一个点切入来概括和描写故事情节。可以是一段落也可以是多个段落。

5. 结尾

一般新闻采用的是自然结尾，即新闻叙述结束即结束，这种新闻不需要单独结尾。另外还有用新闻背景交代的方式来结尾的。

二、校园常见新闻的写作技巧

本书主要受众对象是大三大四学生，因此本节内容主要是通过校园常见新闻类别的写作方式来说明新闻的写作技巧。虽然各媒体新闻与校园新闻有一定的区别，但掌握校园新闻的写作技巧能为以后出入社会从事和写作新闻奠定的一定基础。本节内容主要从会议新闻、活动新闻、演出新闻、获奖新闻、实践新闻、表彰新闻六个方面进行讲述。

（一）会议类新闻

会议在各单位占有相当大的比例和分量，特别是涉及单位的重大事件和事关国家政策落实等有社会价值的会议更应加强宣传报道。写好这类新闻的重要性不言而喻。

1. 四段式结构

会议类校园新闻稿件在学校各类新闻稿中结构最严谨，语言逻辑要求最高。要求作者要将会议精神融入稿件中，抓住会议新闻点。校园新闻的写法有很多种，为了在校大学生能够快速上手，本文给了一个“模板”供大家参考和依葫芦画瓢，即四段式结构。第一段：写好导语，点明与会人员、主持人，同时要注意出现人名依据一定的排序规则。第二段：理清会议的程序及内容（同时注意分清主次和主题），提炼领导讲话、嘉宾发言的主要内容。第三段：提炼相关领导讲话的主要内容，同时注意讲话的措辞和层次。第四段：介绍会议举办的背景或者举办该会议的意义 / 与会人员反响等（也可以省略）。

2. 注意事项

一是标题要恰当，符合会议的规格和层次。二是导语中要体现会议的名称、举办的地点等要素全称。三是要清楚出席的领导姓名、职称，注意领导的排序要规范。如关于人物称谓，一般只在新闻前面首次出现时介绍职务（或职称）、姓名，后面再出现时只写姓名。一般应采取“职务称谓 + 姓名”的方式，如“校党委书记 ××、校长 ××、副校长 ××”等，尽量避免“姓名 + 职务称谓”和“姓 + 职务称谓”的方式；特定事件需涉及某人物两个职务称谓时，一般可酌情使用“主职务称谓 + 兼职务称谓 + 姓名”的方式；社会知名人士、文教界人士等，在文稿中出现时可适当在姓名后加“先生”“院士”教授”等；军界人士姓名后可加“将军”“少将”“大校”等；如无必要，新闻稿中一般不在姓名后加“同志”称呼。多个领导参与的活动，除主要领导外，可采用“校领导 ×××、××× 等”的简略形式。四是要提炼和概括领导讲话的内容。五是介绍会议的程序要有主次，同时要对场气氛作客观准确描绘。六是要简要概括举办会议的目的和意义。

（二）表彰类新闻写作

在高校举行表彰会是很普遍的教学教育活动。写好表彰会具有重要意义和影响力。主要通过三段式的结构来撰写新闻稿。第一段：写好导语，写某单位发文表彰了哪些人、哪些单位。第二段：介绍下受表彰对象的事迹。第三段：介绍受表彰对象的感言、决心或者是颁奖单位对受表彰对象、对学生的希望。同时注意三点：一是表彰发文、表彰的奖项内容、受表彰单位都要写全称。二是受表彰单位、个人的事迹介绍要突出优秀之处，要体现事迹的教育性。三是受表彰对象的感言要有针对性，颁奖单位对受表彰对象、学生的希望要有实际意义。

（三）活动类新闻写作

举办活动是从事党团学工作、开展大学生思想政治教育和促进大学生综合素质提升的主要载体，具有重要意义和作用。一般采用三段式结构，第一段：写好导语，主承办单位，参与人员。第二段：主要写活动的过程，活动现场以及现场观众、学生的反应。第三段：评论开展本次活动的意义。同时要注意以下四点：一是活动叙述要紧扣活动主题，活动程序要分清主次，参与人员的介绍要有层次感。二是要根据新闻稿投放的媒体，确定新闻事件的主角。三是描写活动现场，一般采用总分的形式，重点突出活动的特色。四是活动意义要围绕学校发展和校园文化需要。

（四）竞赛类新闻写作

竞赛活动是学校常见的教育教学活动之一，对提升大学生综合素养和专业水平有重要作用。写此类新闻时除了上面介绍的基本要求外，还要注意几点：一是介绍比赛活动的目的和意义。二是介绍评委要有所侧重和选择。三是比赛现场描写侧重于简练地概括选手的表现。四是比赛结果要及时公布。

第三节　应用写作

笔者曾经历过，个别大学生连基本的证明、借条、通知，甚至财务中涉及的壹贰叁肆伍陆柒捌玖拾等数字都不能正常书写。作为新时代的大学生应该掌握基本的应用文写作知识和常用公文写作技巧，以便于接受企事业单位的挑选和满足社会对毕业生拥有复合型、应用型人才的需求。

一、应用文的含义

应用文，就是要以用为主，又叫实用文。是国家机关、企事业单位、社会团体、人民群众在日常工作学习生活中使用的具有直接效用和一定体式的文书，是处理公务和私务、传递信息、表达思想、指导实践的工具。具有实用性、模式性、真实性、时效性等特点。

二、公文写作

中共中央办公厅、国务院办公厅为适应中国共产党机关和国家行政机关工作需要，推进党政机关公文处理工作科学化、制度化、规范化，于2012年联合发布了《党政机关公文处理工作条例》。

公文有广义和狭义之分。广义的公文即公务文书，为公事所用文本。是国家机关、社会组织和团体行使职权、办理公务所使用的文书。狭义的公文指党政机关公文活动所用的文书，《党政机关公文处理工作条例》颁定的15种公文。公文具有指挥和指导、规范行为、联系协调、宣传教育、凭据记载等方面的作用。按行文方向可以分为上行文、下行文和平行文三种类型。上行文是下级机关或组织向上级组织报送的公文，如请示、报告等。下行文是上级组织向下级组织发送的公文，如命令、决定、通知、决议、批复等。平行文主要用于不相隶属的组织传递公文，如函、意见、纪要等。

1. 公文种类

（1）**公告**：适用于向国内外宣布重要事项或者法定事项。

（2）**通告**：适用于在一定范围内公布应当遵守或者周知事项。

（3）**意见**：适用于对重要问题提出见解和处理办法。

（4）**通知**：适用于发布、传达要求下级机关执行和有关单位周知或执行的事项，批转、转发公文。

（5）**通报**：适用于表彰先进、批评错误、传达重要精神和告知重要情况。

（6）**报告**：适用于向上级机关汇报工作、反映情况，回复上级机关的询问。

（7）**请示**：适用于向上级机关请求指示、批准。

（8）**批复**：适用于答复下级机关请示事项。

（9）**提案**：适用于各级人民政府按照法律程序向同级人民代表大会或者人民代表大会常务委员会提请审议事项。

（10）**函**：适用于不相隶属机关之间商洽工作、询问和答复问题、请求批准和答复审批事项。

（11）**纪要**：适用于记载会议主要情况和议定事项。

2．**公文格式**

（1）**版头**。公文首页红色分隔线以上的部分。包括份号、密级、保密期限、紧急程度、发文机关标志、发文字号、签发人、版头中的分隔线等。

（2）**主体**。

①标题。一般由发文机关 + 公文主题 + 文种组成。一般用 2 号小标宋体字，编排于红色分隔线下空二行位置，分一行或多行居中排布；回行时，要做到词意完整，排列对称，长短适宜，间距恰当，标题排列应当使用梯形或菱形；多个发文机关名称之间用空格分开，不加顿号。

②主送机关。主送机关名称位于正文左上方，与正文标题空一行，顶格排印。有多个主送机关的，各机关名称之间用顿号隔开，最后一个主送机关名称后标全角冒号。如主送机关名称过多导致公文首页不能显示正文时，应当将主送机关名称移至版记或正文中说明。

③正文。公文首页必须显示正文。一般用 3 号方正仿宋 GBK 体字，编排于主送机关名称下一行，每个自然段左空二字，回行顶格。转发、印发文件类的通知，用 3 号方正楷体。

④正文中的层次序数。第一层“一、”（黑体）（作为小标题时句尾无标点）；第二层“（一）”（楷体）（作为小标题时句尾标点可有可无）；第三层“1.”（仿宋）（无论是否作为小标题，要有标点）；第四层“（1）”（仿宋）（必须有标点）。

⑤附件说明。附件：与正文和发文机关署名之间空一行，字体字号用 3 号方正仿宋 GBK。如有多个附件，使用阿拉伯数字标注附件顺序号（如“附件：1. ×××××”）；附件名称后不加标点符号。附件名称较长需回行时，应当与上一行附件名称的首字对齐。转发的上级、同级机关公文，不属于公文的附件，不标注附件说明。附件正文部分，用 3 号黑体在左上角顶格注明“附件”，不再

加冒号。附件标题与“附件”之间空一行。附件排版格式、字体字号同正文。

⑥文尾。发文机关署名、成文日期和印章成文日期一般右空四字编排。单一机关行文时，一般在成文日期之上、以成文日期为准居中编排发文机关署名，印章端正、居中下压发文机关署名和成文日期，使发文机关署名和成文日期居印章中心偏下位置，印章顶端应当上距正文（或附件说明）一行之内。联合行文时，发文机关顺序整齐排列在相应位置，每排不超过 3 个发文单位，并将印章一一对应、端正、居中下压发文机关署名，最后一个印章端正、居中下压发文机关署名和成文日期。印章之间排列整齐、互不相交或相切，首排印章顶端应当上距正文（或附件说明）一行之内。

（3）版记部分。抄送机关：一般用 4 号仿宋体，在印发机关和印发日期之上一行、左右各空一字编排。印发机关和印发日期印发机关、印发日期一般用 4 号仿宋体字。印发机关左空一字，印发日期右空一字。用阿拉伯数字将年、月、日标全。

三、常用事务文书写作

事务文书有感谢信、慰问信、贺信、申请书、调查报告、述职报告、会议讲话稿、信息、启事、声明、公示等。而用得最多的是计划、总结和通知，因此为了节约篇幅，我们对三种事务文书进行重点介绍。

（一）计划

1. 什么是计划

计划是个人或单位以及社会组织对未来一定时期的工作、事务做出预先安排、筹备的公用事务文书。计划是一个笼统的概念，还包括规划、纲要、方案、设想、工作要点、工作安排、工作意见等内容。

2. 计划的作用

“凡事预则立，不预则废”说明了计划的重要性，个人、集体、单位甚至国家都需要计划。计划具有动员和组织、领导和指导、督查和考核等作用，同时具有预设性、可行性、约束性等方面的特点。

3. 计划结构

计划有很多种，如工作计划、学习计划、年度计划和学期计划甚至五年规划等。就一般计划而言，主要由标题、导语、目标、措施、步骤、结语、落款、附件等内容构成。

（1）**标题**。标题一般由单位名称、时限、事由（内容）、文种等部分构成。有的计划还有副标题，主副标题搭配使用时一般用鼓动和宣传口号性的语言概括主题。

（2）**导语**。导语，也叫前言，一般以客观、简洁的文字阐明制订计划的背景、依据、意图、目的意义，提出总体的要求等。一般用以为、为了、依据、遵照、鉴于等词语进行描述。

（3）**正文**。即计划的主体部分，由计划的目标、措施、步骤三要素构成。一是目标。目标是方向，是统帅。制订计划一定要确定目标，没有目标的计划通常没有实际意义，且一定要落小落细落实到人头上，甚至落实的要求都要进行明确。二是措施。措施也叫手段，是为完成目标而采用的办法和必要条件。措施一定要切实可行，要有操作性，不能泛泛而谈。三是步骤。先做什么，后做什么一定要分清主次和详略，不能全部整体推进，不能眉毛胡子一把抓，抓住重点和关键，带动其他方面。同时要安排出时间流程图。

（4）**结语**。有的计划自然结束就结尾，不必使用特别的结束语。但为了计划的完整性和计划的倡议性，一般要对该计划进行号召和提出希望，或者对未来进行展望。

（5）**落款**。落款主要包括署名和日期。为了计划文体的完整性，一般应在正文后面写明制作计划的单位和日期。同时为了表明个人或者单位对制作计划的归属权问题。落款一般是右下角右空三字。

（6）**附件**。有的计划有时间计划表或联系人以及其他相关信息需要以附件的形式呈现出来，这时可以用附件。

4. 注意事项

撰写和制订计划时一定要做到语句精要，用词准确，提炼各级标题时概述要到位。同时要注意计划一定要可行性高，立足实际，兼顾全面。

（二）总结

1. 什么是总结

没有总结就没有提高、就没有进步。总结就是个人或单位组织对前一阶段（可以是一件事，也可以是周、月、年甚至更长的时间）工作进行回顾和问题分析，找出经验教训和成功经验，从而形成共性的认识，以更好地开展工作。

2. 总结作用

从概念就可以看出总结有明确得失、把握规律，强化管理、促进工作的作用，从而帮助我们找出问题，吸取教训、总结经验。

3. 总结的结构

总结的类别特别多，但主要结构大体相当。主要由标题、前言、正文、落款、附件等部分组成。

（1）**标题**。总结的标题跟计划一样，都由单位名称、时限、事由（内容）、文种等内容构成。有的总结也可以有副标题，以修饰性的语句和概括性的语言风格，提示总结的主题或点明总结的内容。

（2）**导语**。总结的导语，也叫前言，一般以客观、简洁的文字阐明或概括性地描述取得的成绩和存在的问题。

（3）**正文**。正文一般由四个部分构成，即基本情况、主要经验和成绩、存在问题与改进措施、下一步的打算等。

①基本情况。是对整个总结的概述、摘要性的描述，给人以整体印象。主要从工作背景、主要任务、重要措施、实施情况、取得成绩成效和存在的问题等方面进行简要描述和介绍。

②主要做法及成效。这是总结的关键部分和主体内容。要把所做的主要工作、取得的主要成效呈现出来，同时要提炼出理论的东西，形成经验的总结。描述和撰写的基本思路就是某个部门，采取什么措施，做了什么事情，取得了什么样的成绩，同时形成了什么样的经验和体会等。

③存在问题与改进措施。总结就是要找出成绩和找准问题，以便开展下一步的工作。要对工作中存在的问题实事求是地罗列出来，并加以概括，找出存在的主观和客观原因，以便吸引教训，并针对找出的每一项问题提出合理的建议和给出措施。

④今后的打算。总结的最终目的是盘点一个阶段的工作，是为了下一步做好

充分的准备。因此，根据这个情况往往要在总结的末尾提出下一步的工作目标、思路和任务等。

（4）**落款**。落款主要包括署名和日期。

（5）**附件**。有时为了支撑总结中提到的数据和成效要附一些成果和奖励，此时以附件的形式呈现出来，更能说明问题。

4. 撰写总结的注意点

一是表述以“事例 + 数据”的形式。即每篇或每个重要部分前面提炼一句话即概括的事情。后面用事例（事迹 + 数据）进行阐述。因为数据最直观，具有可比性。在使用数据时一定要注意到数据的真实和准确，做到有数量、有质量。二是要善于抓主要矛盾及矛盾的主要方面，做到有“侧重点”，不要过于“面面俱到”。抓重点、抓关键就是要突出工作成果、展示工作亮点。三是要分版块、有层次、有逻辑，如学生团学活动的总结应该突出成绩荣誉、思想引领、组织建设、组织生活、完善制度、队伍建设、干部培养、媒体宣传、网信建设、监督管理、表彰先进、科技创新、文体活动、社团活动等。四是要避免两种倾向：“赞美诗”和“检讨书”，要以能够指导本单位工作，推动工作的开展和深化为目的。

（三）通知

单位或组织都要发布消息，通知无疑是最合适的文种。因此，通知适用于发布、传达、周知、要求下级机关或个人执行和有关事项的文种。其使用频率高，运用范围广。常用的有指示性通知、知照性通知、颁转性通知等类别。本文以知照性的会议性通知为例进行详细说明。

通知主要由标题、主送机关、正文、落款、附件四个部分构成。

（1）**标题**。通知的标题由制发机关 + 主题（事由）+ 通知构成。

（2）**主送**。通知都要标明主送机关，明确参会单位或个人，便于事项的传达和办理。

（3）**正文**。正文由开头、主体、结尾三部分构成。

①前言。在正文第一段也即前言部分要交代清楚开会的背景、缘由、依据、名称等内容，以“现将有关事项通知如下”之类的语言引出下文。

②主体。会议通知有“六要素”之说，即开会时间与期限、会议地点、与会人员及条件、会议内容或主要议题、参会需做的有关准备、会议其他事项六部分

内容构成。在撰写主体部分内容时一定要做到通知的事项及要求要明确，条理要分明。

③结尾。一般结尾段落是提出具体的受文要求或者做出其他说明等，或者是对正文内容的说明事项提出进一步的要求。

④落款。主要是署名发文机构和日期等基本信息。

⑤附件。会议性文书一般而言都附有说明性的表格，都有要填写的表格，有的甚至还要填写汇总表等。这些都会以附件的形式出现。以便提高会务活动的质量和效率。

第四节　学术论文写作

按照人才培养的要求，本科学生应掌握基本的论文写作技巧与方法，能够根据在校所学知识，结合生产实际提出解决问题的办法和思路并开展一定的科学研究，为进一步开展科学研究和训练学术思维奠定基础。

不仅如此，论文还将贯穿从事专业技术岗位从业人员的一生，如专业技术岗位从最低级的十二级到最高级阶段，学术领域的创新和重大贡献的最直接的证明是论文和发明专利。因此，论文，特别是科研论文将伴随专业技术人员的一生。有的同学，甚至个别刚出来的教师不太重视论文写作训练和积极写作，难免影响自己的后续发展和成长。迟早要做的事情，早晚要过的关，不如早点去做，早点去完成。因为，对于学生而言论文不合格，直接影响是否能按时毕业；对于教师而言，论文质量不佳，直接影响是否能被杂志社录用。本节将对论文的写作做一些基本的介绍。

一、如何选题和取好题目

选题对于整个论文的重要性占到 70% 以上，选题意味着选择方向和选择研究内容。那么这个方向和研究点是否有价值和意义，是否具有前瞻性，是否是当今生产实际的热点和难点，能否在前人的研究基础之上提出的不同见解和解决的措施等，诸如这类问题都是通过选题来反映的。据论文审稿编辑和科研项目评审专家意见：一般而言初次审核的第一步就是看题目，看题目是否新颖，是否有价值和意义，是否符合现实需要。只有题目满意，才会看下文。那么如何选好题目呢？

（一）问题导向是选题的原则

发现问题和解决问题本身就是科学研究的基本内容。那如何去发现问题呢？恐怕只有深入地了解所研究的领域，才能获得基本的认识和体会，才能提出问题的本质原因和解决问题的思路。同时，这个问题别人有没有发现呢？别人有没有做过研究呢？这需要翻阅大量的资料和查询文献才能得出结论。一般而言，一篇论文里面解决一个问题比较合适，当然要解决这个问题还要做出系统的分析，如背景、发展情况、存在问题、提出解决问题的思路和措施以及具体的参考和数据等。因此，聚焦问题与选好主题是科学研究的第一步。

（二）如何获得选题来源

获得论文的选题方式很多：一是根据会议政策和热词来选题，一般中央召开重大会议中都有重要领导人的讲话，会后都有公告和文件发布，这些讲话和文件为我们研究提供了遵循。如十九大报告中将不忘初心、牢记使命作为主题，后续很多社会科学研究者根据这一主题做了深入的研究和发表了不同的见解，如新时代、乡村振兴、美好生活、人民等这些热词，也将成为众多学才的研究来源。二是在工作实际中选题，在学习工作领域留心观察和不断总结思考会发现诸多需要加强和形成理论成果的领域，往往是问题导向和经验总结的结合。三是在看热点和文献检索中获得，在检索热度搜索和文献资料中，如长期阅读某一领域和方向的学术期刊，从别人的研究中总结出自己的研究方向和选题方向。在诸多选题后，一定要有自己持续的研究方向，并深入地挖掘下去，才能有一定的成果。如笔者一同事将研究“中国故事”作为自己的研究方向，几年下来申报了如何讲好“中国故事”和与“中国故事”相关的文章。

（三）如何给论文起一个好看的名字

前面也讲到了题目的重要性，一个平淡无奇的题目是不可能引起关注的。问题就像一个头，而题目则是帽子。给问题戴一顶帽子，这个题目就显得好看多了。题目也是敲门砖，更是统帅者，就像面试一样是初审的必经之路。因此，起一个吸引眼球、符合事实、反映问题、突出科学研究的论文或项目题目是每一个论文写作者都应该追求的目标。

二、如何使用文献

（一）何为文献

文献是通过一定的方法和手段、运用一定的意义表达和记录体系记录在一定载体的有历史价值和研究价值的知识。文，指有关典章制度的文字资料，献，指熟悉掌故的人。文献的基本要素是：一是有历史价值和研究价值的知识。二是一定的载体。三是一定的方法和手段。四是一定的意义表达和记录体系。人们通常理解的文献是指图书、期刊、典章所记录的知识的总和。文献是记录、积累、传播和继承知识的最有效手段，是人类社会活动中获取情报的最基本、最主要的来源，也是交流传播情报的最基本手段。

（二）如何查找文献

查找文献的方式有许多，如在图书馆查阅资料、在互联网专门网站搜索信息、在数据库里搜索期刊论文等。速度和效率较快的和一般研究者常用的是在数据库平台里搜索期刊论文。下面先介绍国内外最出名的几个文献检索收录数据库。

1．国内外常用文献检索

（1）SCI。SCI 是 Science Citation Index 科学引文索引的简称，由美国科学信息研究所于 1961 年创办出版的引文数据库，收录和覆盖的学科领域主要集中在自然科学领域，主要有生命科学、临床医学、物理化学、农业、生物、兽医学、工程技术等方面。能够被 SCI 收录反映了有较高的学术水平。SCI 是目前国际上三大检索系统中最著名的一种。

（2）EI。EI 是 The Engineering Index 工程索引的简称，由美国工程信息公司于 1884 年创办的工程技术类综合性检索工具。收录文献涉及动力、电工、电子、自动控制、矿冶、金属工艺、机械制造、土建、水利等工程技术的各个领域。具有综合性强、资料来源广、地理覆盖面广、报道量大、报道质量高、权威性强等特点。

（3）ISTP。ISTP 是 Index to Scientific & Technical Proceedings 科技会议录索引的简称。由美国科学情报研究所于 1978 年创刊出版。该索引收录生命科学、物理与化学科学、农业、生物和环境科学、工程技术和应用科学等学科的会议文献，包括一般性会议、座谈会、研究会、讨论会、发表会等。其中工程技术与应用科学类文献约占35%，其他涉及学科基本与SCI相同。ISTP收录论文的多少与科技人员参加的重要国际学术会议多少或提交、发表论文的多少有关。我国科技人员在国外举办的国际会议上发表的论文占被收录论文总数的64.44%。

（4）CSSCI。CSSCI是Chinese Social Sciences Citation Index中文社会科学引文索引缩写。它是由南京大学中国社会科学研究评价中心开发研制的数据库，用来检索中文社会科学领域的论文收录和文献被引用情况。主要收录包括法学、管理学、经济学、历史学、政治学等在内的25大类的500多种学术期刊，来源文献100余万篇，引文文献600余万篇。

除南大核心期刊收录以外，还有北大核心收录期刊，是北京大学图书馆联合众多学术界权威专家鉴定，国内几所大学的图书馆根据期刊的引文率、转载率、文摘率等指标确定的，除南大核心、中国科学引文数据库（CSCD）以外学术影响力最权威的一种。

2. 如何查找文献资料

常用中文数据库有中国知网、维普、人大复印资料等20多种，如图3-1所示。常用的英文，如图3-2所示。除此之外还有某些专业领域的数据库，软件著作权、专利查询等。

图3-1　常用中文数据检索

图3-2　常用英文数据检索

检索分很多种形式，如关键词、主题、摘要、作者和单位等。输入的关键字不同，组合不同，检索出来的效果也不尽相同。具体操作方法是在浏览器的地址栏中输入网址 http：//www.cnki.net/，即可进入中国知网的主页，点击学术期刊即可，如图 3-3 所示。

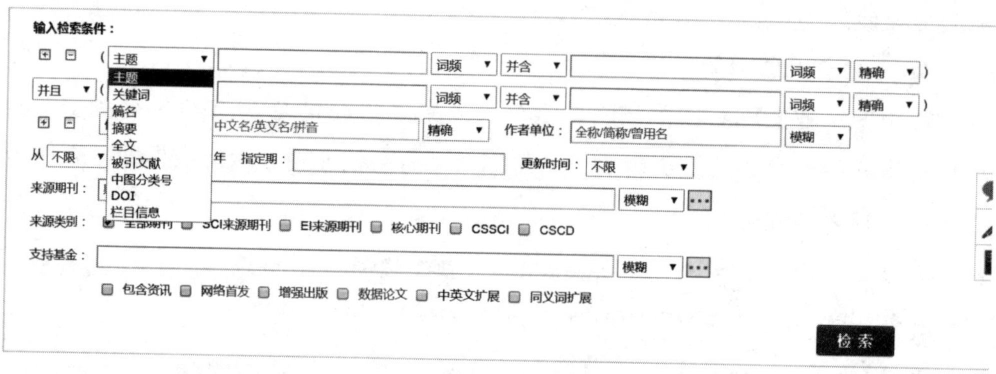

图3-3　常用论文检索条件及查询方式

（三）如何读对文献

1．经典的原著

没有理论作支撑的论文，大多是经验的总结或过程的描述，不仅科学价值低，而且理论高度也比较低。只有将理论知识融入论文中，才能更好地指导社会实践活动，提高其科学性，同时提升文章的高度。阅读原著，特别是恒久不衰的经典原著更具有理论价值和科学性。因为只有阅读原著才能更直接地了解作者的思想和语境，才能更好地理解其提出的观点和思路。如从事思想政治教育研究的人，就不得不阅读《马克思恩格斯选集》《马克思主义基本原理》《思想政治教育》

等著作。

2．权威的作者

如果要提出新的观点一定是站在前人的肩膀上，只有熟悉和了解了前辈的研究成果，才能更好地提出自己的观点。因此，不管是哪一个领域，一定要阅读权威作者的论文或著作。如该领域的大咖、知名专家等，从他们的引用率和下载率即可看出关注度。

3．高级别期刊

高级别的期刊代表了该领域和学术方向最新和最前沿的成果，只有阅读期刊的级别越高，越能帮助和指引自己写出更高质量的论文。如国内有 A 类、B 类和 C 类等级别的期刊。国外 SCI 一般根据学科和影响因子的不同进行收录和区分，影响因子在每个学科前 10% 的属一区；影响因子在 20%~30% 以内的属二区，影响因子在 50% 以上的属于三区。

三、论文的格式与撰写技巧

（一）论文的结构

论文一般由题目、作者基本信息、摘要、关键词、前言、正文、结语、参考文献等部分内容构成。题目、作者基本信息、关键词、结语等很容易理解，对于摘要也容易理解，但不容易写好，究竟如何撰写摘要的确是一个技术问题。摘要是一篇文章的大体概要，主要说清楚本文因为什么原因、基于什么背景，提出了一个什么问题，采取哪些措施和步骤进行解决，研究的问题将带来哪些成果和社会效益。

（二）是材料的占有还是论证的逻辑

一般生活中常用生活通俗语言，公文写作用官方话语体系，而学术写作要用学术词汇和学术思维进行描述。这三者可以表达同一个意思，而用在不同的场合时一定要用不同的语言体系进行表述。

为什么我们的论文写出来更像是工作总结，而不是一篇学术论文呢？是因为，写论文由两个重要的因素构成，一个是材料的占有，另一个是论证。材料占有是技术活动，而论证属于思维活动，没有一定的理论和逻辑的论证就容易陷入低级简单事务中去。论证更要求我们在占有材料的基础之上进行提炼总结和学术升华。将是什么、为什么、怎么样以及三者之间的逻辑关系用学术的语言和思维按照一定的逻辑和顺序进行充分的论证。只有把握事物的特质、做到认识深刻，经过反复地训练才能形成一定的理论思维。理论思维的养成在于理论的批判，只有在批判中才能孕育出创新。马克思的一生是充满斗争和批判的一生，以文字为武器，撰写了大量的批判文章，如《黑格尔法哲学批判》《神圣家族，对批判的批判所作的批判》《政治经济学批判》《资本论——政治经济学批判》。因为，批判既是反思自己和过去，也是反对权威和错误。

（三）论文的修改与重复率查询

我始终相信一句话：好文笔是练出来的，好文章是改出来的。一篇论文经过多次修改是不可避免的，少则 3~4 次，多则十几次，甚至二十几次都是有可能的。一般一篇文章写好了之后要放一段时间，再去阅读时就会有新的问题发现。若没有修改，说明这篇文章没有发表的价值。修改什么呢？一是基础修改，有没有错别字、语句是否通顺、语言是否精练、语句是否符合逻辑、数据使用是否准确等。二是修改论点和论证，一是看文章结构是否合理，详略安排是否妥当；论点是否鲜明，论证是否充分，逻辑性和条理性是否正确，支撑度是否达到要求等。三是再一次审视论文描述的研究对象是否明确；引用的原理和观点是否能正面支撑；研究的方法是否得当；通过研究得出的结论和措施是否合理和客观等。

修改好论文之后一般都要进行复制率的查证。一般正规的期刊都要求复制率在 20% 以内，且复制的内容要在参考文献中注明和标清，以说明是引用了别人的话语和内容。一般而言论文都是要有一定的引文的，以借他人，特别是名人大家的观点提升自己的观点和文章的高度。查询机构在网上比较多，一般以中国知网和万方数据库较为常用，且费用低廉。

四、论文的发表

完成论文写作、检查无误后，就要着手安排投稿。因为，只有公开发表之后的论文才有一定的应用价值和参考意义。

目前期刊和论文市场呈现不太乐观的环境，究其原因，主要是由于当前发表量太大，期刊数和论文需求量又太少。高质量的论文相对就更少。因此，论文发表的周期长、费用高的现象就显现出来。但只要文章质量有保证，通过正规渠道还是可以顺利地发表论文的。

1．选择期刊，投其所好

在选择研究方向、选题时就要尽量与期刊、栏目以及研究方向相吻合，尽量做到两者兼顾。因为，如果只顾自己的研究方向和学术领域，而没有多观察和阅读当前学术领域的栏目热点以及选题要求，则很难发表成功。反之，锁定几个选题相关的期刊，研究它的栏目特点和论文发表风格以及版式等，根据发表要求进行比对加工，再投稿则容易成功。有的期刊要求纸质和电子同时寄送；有的期刊是在线投稿，只要填写相关信息将论文以附件形式发送或者在线直接复制即可。

2．加强联系，不断跟踪

通过邮件或者在线投稿的论文，一般过一段时间后要主动联系编辑部是否有收到论文，是否有进入论文审核程序等。如果自己不问，就不知道论文是否有收到，是否进入审稿流程中。如果经过长时间的等待和确认自己论文的录用情况之后，就可以开展下一阶段的工作了，如再投其他期刊。

第五节　横幅标语写作技巧与要点

横幅、标语的使用频率比较高，在各个领域都用得着，给活动和会议带来鲜明的主题感，起着画龙点睛的作用，有一目了然的效果。作为大学生要掌握这一技能和技巧。主要有会议标语、宣传标语、提示标语等几种形式。不管是哪种形式，一般遵循以下规则：

标语最基本的特征就是语言简洁，具有宣传性和鼓动性，能够提振精气神。在写法上要注意句式的选择、词语的表达、修辞手法的运用和逻辑事理的关联。

1．字数要适中

句式简短、字数较少、表情达意准确是标语的基本特征，由于受特定场合、表达手段和信息接受者层次等因素的影响，加之一般写在墙上、布上、纸上、PPT 上，为了醒目，一般字体比较大，所以一般不能使用较长的句子，字数不宜过多。

2．内容要积极

张贴标语的目的是营造氛围、制造声势、宣传鼓舞师生、调动大家参与的积极性。所以在拟写标语的时候，要根据表达的目的使用语言。内容一定要积极健康向上，既要亲切友善、喜闻乐见、易于接受，又要清新明快、生动活泼、颇具文采，确实起到营造氛围、鼓舞士气的作用。

3．用语要通俗

标语非常讲究实用性，在词语的选用上要通俗易懂、生动活泼、鲜明准确、亲切感人，做到生动形象有文采、喜闻乐见有意义。不要使用多义词或短语，不要因不同的理解导致语言歧义。

4．句式要整齐

在句式上，标语一般使用简单的单句，多为动宾结构，句子结构一般比较整齐，对比、排比、对偶性的句子使用较多。

5．PPT 式背景标语

一般采用“机关 + 时限 + 事由”的形式构成。如软件工程学院 2019 年党员发展大会。

6．幕布、背景等标语

幕布、背景一般都是大型会议或活动的举办会用到，如迎新晚会、开学典礼等。在设计上讲求的要求有：一是要风格要适合，开什么、举办什么活动，就要用到与之相关的颜色、元素来衬托和渲染，给人以氛围营造感，从而为活动的举办奠定基础。二是要字体要适宜，不是一个字体用到所有的场合，而要根据场合、内容等因素决定字体的大小、型号、颜色等参数。三是要准确呈现内容，内容为王，一定要准确表达，充分提炼。四是要把布局安排恰当，即活动会议内容、主题、落款、日期等内容与图片合理搭配。

第四章　职业技能素养——信息素养

科学技术的快速发展，改变了人们的生活方式和提高了工作效率，特别是信息技术的快速发展，更是提高了我们的办公效率。当今信息技术和互联网应用技术渗透到各行各业，甚至各个行业的岗位中。因此，掌握一定的信息素养和基本技能有利于提高工作效率和学习效果。作为一名即将走出校园、走入社会的大学生，加强信息素养是非常有必要的。信息素养涉及很多知识和技能，本章节主要从办公室Windows网络连接的基本维护技能，打印机、复印机的常用使用技巧，Word、Excel、PowerPoint、PS图片处理等常用办公软件解决工作中常用的应用案例进行介绍。

第一节　系统维护与网络维护

一、系统概述

目前各办公领域使用的操作系统主要以Windows系列和苹果iOS系统为主，而使用最普遍的还是微软公司的Windows产品即Win7、Win10两个版本。系统维护涉及的内容也较多，如系统安装、应用软件安装与卸载、杀毒软件使用与系统维护、常用字体安装与输入法调整以及新硬件添加等。常用的系统操作技能在各级各类的计算机基础课中均有介绍和学习。而系统的安装和维护会涉及专业领域的一些技能和知识，因此就不在此介绍了。

虽然网络的管理和维护都有专业的人员，但是办公室有时候难免会出现网络不通、打印机出问题、复印机卡纸等问题，急着要使用，一时半会儿又找不到专业人员维护。因此，作为现代大学生或者办公室工作人员，掌握一定的技巧和维护技能是很有必要的，至少可以解决燃眉之急。

二、网络资源共享

办公室常用传输文件的方式是QQ，但QQ也是有局限性的，如互传文件的话需要外网才能实现。如在同一个办公室或者同一个网段内的局域网里面的计算机需要相互连接起来，共享某一个文件夹，可用文件共享的方式来实现互访互传。

1. 前期准备和设置

一是检查网络硬件是否工作正常（如网卡和网线是否完好和插好，看网卡信息号灯是否闪烁就可以判断好坏，不亮则是未插好或者线路故障；判断是内网和外网是否接通，只要看路由器的Wan灯是否闪烁，亮则说明外网没有问题）。二是单击电脑任务栏右边的电脑图标——网络和共享中心——本地连接——本地连接状态，通过收发数据包查看连接情况。数据包发送和接收不应相差太大。

2. 查看或设置IP地址

为什么要查看IP地址呢？是为了两台电脑能够顺利访问，同时为了便于检测就需要了解对方电脑的IP地址。一般有两种方式进行设置：一种是自动获取，适用于通过DHCP服务器分配。另一种是手工设置IP址，适用于局域网通过服务器代理上网的情况，如图4-1所示。

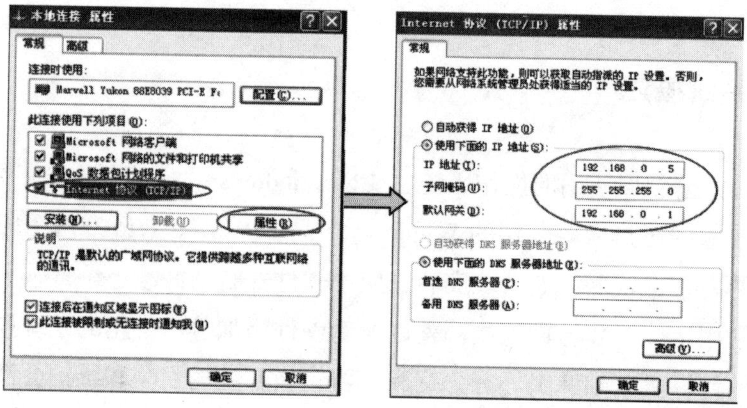

图4-1　IP查看地址位置与设置方式

3．设置工作组

工作组 Work group 的设置是为了将两台以上的计算机虚拟在同个组内，便于连接和访问。就好比是不同的学生分在同一个行政班级里，就有了共同的班级属性，相互就成了班级的成员。在工作组里面可以查看相连和共享的计算机名字。计算机名字就像是学生的名字，便于在共享查找时使用，见图 4-2。

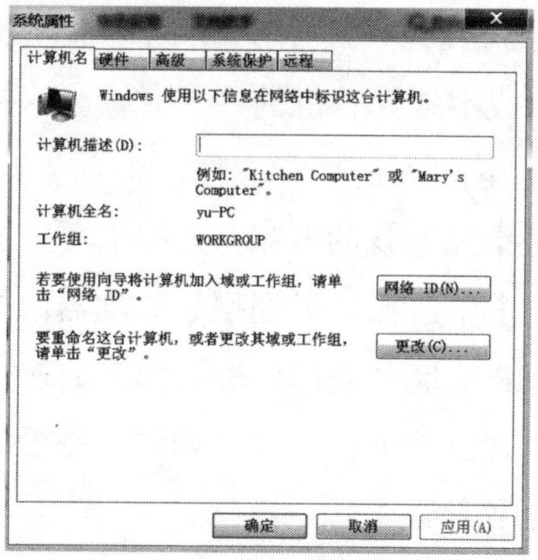

图4-2　通过系统属性查看计算机名字和工作组情况

4．文件夹共享

设置文件夹共享，是为了局域网内访问的方便。操作和设置方式是打开文件夹，右键属性——共享或高级共享——共享名——确定，见图 4-3。两台电脑共享一台打印机，用同样的方法即可设置。

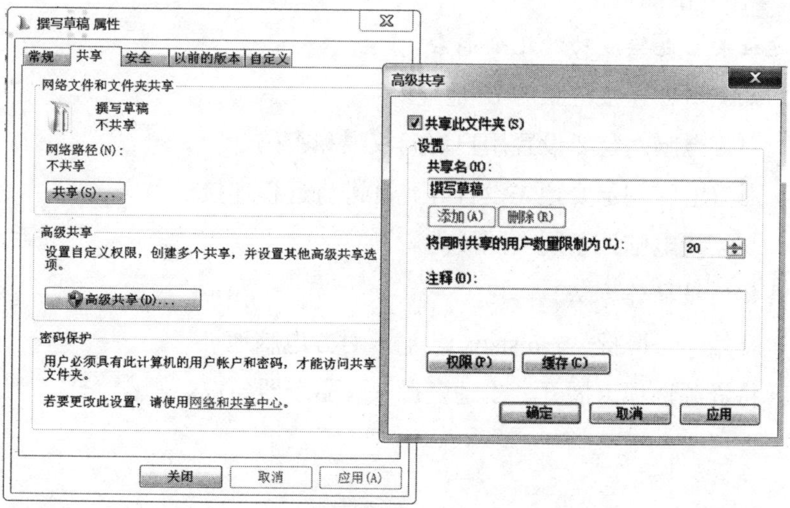

图4-3　设置文件夹共享

5．访问共享

共享设置好了以后即可访问，网络上的用户可以通过以下几种方式访问共享文件夹。

（1）**通过“网上邻居”访问**。即在桌面双击网上邻居，在显示的电脑图标中找到目标计算机名字。

（2）**通过“映射网络驱动器”访问**。可以将本局域网内其他计算机上面共享的文件夹或驱动器虚拟成本地计算机的一个磁盘分区来使用。如此使用邻居电脑文件夹就像使用自己的电脑磁盘一样方便。但前提是对目标文件夹设置了共享。具体操作方法是右击桌面上我的电脑——映射网络驱动器——打开对话框进行设置。在驱动器下拉列表中选择映射到哪个驱动器，或者使用默认值。在文件夹下拉列表框中，按照 \\IP 地址（或计算机名称）的格式输入共享文件夹所在的位置。使用浏览也可以找到位置进行设置。选中“登录时重新连接”，则每次启动电脑时自动连接到该网络资源。

三、远程桌面连接与设置

办公室相邻的两台电脑或者是同一网段的电脑之间实现互访，最简便的方法就是使用系统自带的远程连接程序，在使用对方电脑时，如同自己电脑一样方便。具体操作方法如下：

1．远程桌面连接成功的几个因素

（1）知道对方连接电脑的 IP 地址。

（2）对方电脑一定要设置用户访问权限和密码。

（3）对方电脑一定要预先设置好允许进行远程连接。

（4）与连接电脑处于同一网段内。

2．具体连接操作方法

（1）开始——运行——mstsc——输入对方电脑地址。

（2）将资源选项卡展开，本地资源——驱动器勾选。

四、常用检测的维护命令

如今，网络和系统维护越来越智能化，电脑管家和360安全卫士等越来越方便。但掌握一点基础技巧和命令对自己是有帮助的。

（1）查看计算机名、网格ID、工作组等信息。右击桌面上我的电脑——属性——系统属性。

（2）查看IP地址、DNS服务地址信息。第一种方法：在任务栏右侧网络连接图标处。第二种方法：开始——运行——cmd——ipconfig。

（3）测试网络是否连通。用ping命令。Ping www.cqwu.net。

第二节 Word操作技巧与案例

当今市面上办公软件的主流产品有国产的WPS系列和微软公司的Office系列。两者的使用方法和操作步骤大同小异，完全可以相互使用，当然也有区别和不同。本节将重点以微软公司的Office系列应用软件为主进行实验论证性介绍。

一、制作不同版式的通知文件

（一）提出问题

Word常用的就是文字处理，在处理文字的同时可以附上图片和表格，以实现图文表混排。排版的过程中，以实现协调、美观、适用为原则。如果要在同一个文档中使用不同版式的文档，该如何处理呢？即同一个文档中既有竖向版式也有横向版式，这一小技巧在现实中却经常使用到。但我们很多学生却仍不知道。

（二）制作要点

（1）制作带有不同版式附件的通知，主要是版式的设置有横向和竖向两种。Word默认的是一个文档就是一节，要想制作不同版式的附件就要将文档分成不同的节，因为每个节是独立的。利用不同的节来协调不同的版式。

（2）要有首行空两格的意识，在格式——段落命令中实现。

（3）行间距设置的问题，段落命令中实现。

（4）序列号的规定一般为常用的标准，即一、（一）1.（1）①。

（5）字体的设置，字体命令中实现。

（6）不同的版式，插入分节符中实现。

（7）表格主要涉及两个居中：在文档页面中要居中，通过选中表格的边框用居中对齐命令实现。表格中的文字在表格中要居中，通过鼠标右键在“单元格对齐方式”命令实现。

（三）制作步骤

（1）双击左标尺，在页面设置页边距对话框中设置上下左右为 2 厘米，默认版式为竖向。

（2）将素材文本内容复制到 Word 中，给 Word 文件名命名，如《关于增补顶岗实习学生的通知》，保存于电脑某文件夹中，注意每修改和间距 5 分钟左右手动保存一次，即 Ctrl+S，防止电脑突然关机或断电等意外情况发生。

（3）根据文件格式要求进行排版。

①文件头黑体 50 号（手工输入）红色。

②回车键（按一下 enter 键）选中回车符（空格）设置三号字间距。

③打开绘图对话框选取直线自选图形，按住 Shift 键画直线，双周直线，设置直线为红色三磅。

④分隔线与标题之间有一个硬回车，大小是小四，也可以用行间距控制大小。

⑤其他部分用常规排版。即首行空两格。

（4）附件 1、2 与主文档即通知正文同属一节，不用单独分开。只有附件 3 是横式版式才要分节。

（5）表格插入前要计算横竖表格内容个数再插入，插入后采取合并拆分的形式将表格组合调整为需求内容。

（6）表格中公式计算：计算向上的值 =SUM（ABOVE）、计算左边的值 = SUM（LEFT），始末单元格不能有空格。ABOVE（在……上面）、LEFT（左边）、RIGHT（右边）。

（7）排版结束后直接按 F7 进行拼写检查，无误后再点击文件——打印预览进行预览，以查看整体效果。

二、Word 长篇文档编辑排版

长文档排版是衡量初学者是否掌握 Word 的一个重要指标，而且长文档的适用范围特别广泛，如报告、论文、产品说明书、项目策划书等。因此，必须要掌握长文档的排版技巧和技能要点。

（一）制作思路和要点

长文档的排版主要涉及两个方面的内容：一是如何控制文档中不同内容的格式和相同位置的内容不一致，主要通过分节来实现，如每一章节的页眉内容显示不一样，要求只与本章节名相同；每一部分的页脚也不相同，即摘要、前言、正文等页码内容不一样。二是编制目录需要在大纲级别的基础上，大纲级别的实现建立在标题样式化的基础上。所谓标题样式化，就是要将各级标题先定义好格式，然后再把各级标题按照预定好的格式进行排版处理。以上两点是长文档排版的基本思路。当然由于是具有一定基础的操作员，所以基本命令不再介绍。

（二）制作步骤与程序

（1）页面布局。主要有设置纸张型号、页面边距、文档方向等内容。

（2）输入内容和基本排版处理。在确保有文档内容或输入了文字的情况下，主要有字体和段落格式两大命令，涉及字体的有字型、字号以及特殊要求的字体编排等，涉及段落的命令有首行缩进、行间距、段前段后等。

（3）给不同的内容分节。插入——分隔符——分节符。Word 默认的是一个文档的内容就是一节。分隔符就是同一个节里面分成几个页面。分节符是在同一个文档中将页面分若干节。节的存在意义和使用方法在前面已做介绍，此处不再赘述。

（4）设置样式并应用于文档中。样式指的是一些排版命令格式的集合。常用的主要是字体、字型、字号、对齐方式、是否加粗、行间距、段前段后等。有两点很重要：一是设置了样式后一定保存样式。二是一般一篇文档中常用的技巧是在系统默认的样式 1、样式 2、样式 3、样式 4 中进行修改设置并保存。

（5）插入目录（临时）。为什么这一步要插入一个临时的目录呢？主要是便于修改和整体把握。

（6）添加不同的页眉。大家都知道书的每一页最上面部分显示的是本章节的名称和书的名称，有的只有章节名，有的奇数页是章节名，偶数页是书名。为实现这一功能，只有分节的基础上，通过添加不同的页眉命令来控制和实现。有一点需要特别注意，若要连续显示上一节的内容名称时，页眉控制命令中有一个延续上节的命令，不需要点击，一般默认就是延续。若不需要连续显示上一节相同内容时，就点击连续命令，此按钮变成灰色，就断开上一节内容，即关闭。

（7）添加不同的页脚（页码）。引言、摘要、正文、备注、致辞等各部分内容的页码要求不一致，这就要用到在分节的基础之上的页脚命令。与页眉命令使用完全一样，不同的是上面修改的是章节名，下面修改的是不同的页码，要注意起始码和连续码的问题。如每个部分需要重新计页码的时候就需要单独从 1 页开始算起始码，若正文部分从第一章至最后一章时就需要连续上一节页码。

（8）修改与完善文档格式（更新目录）和按 F7 进行拼写检查。经过上面的排版和调整之后，一篇长文档的排版基本完成，接下来需要做的是进行修改和完善。

三、使用 word 的邮件合并功能实现邀请函的制作与自动打印

（一）问题提出

某公司或部门要召开培训会，要向全国各地的相关单位发送邀请函。相关地址和收件单位及收件人已采集到，就可以利用邮件合并功能实现自动化打印和操作。虽然当前纸质信件已不再提倡，但此功能在很大场合仍有用处，因此本节仍以信封打印为例进行说明。

（二）制作思路

主要涉及两个步骤：一是邀请函的信封制定与打印。二是邀请函内容制定与打印。因此通过分析得出：信封和信函都有一些内容是固定的和变化的。固定的内容：主信函内容、寄信人地址等。变化的内容：收件人称谓、姓名、地址、邮编、职务等。解决思路和程序：一是利用数据源存储变化部分的内容和信息。二是制作主文档。三是制作信封。四是主文档、信封与数据源进行联系（连接）。五是生成文件批量打印。在制作数据表的过程中，要注意到以下几点：一是制作的表格不能有空行或标题。二是表格必须有列标题。三是不能有合并的单元格。

（三）制作步骤

（1）**制作信封**。新建一个文档——工具——信函与邮件合并——中文信封向导——普通信封——完成；选择数据源——插入域；收件人邮政编码内的内容全部删除后插入；其他域不要删除，特别是黑色区域；寄件人域和邮编删除，直接输入信息。

（2）**制作信函**。输入主信函的内容并做好基本排版。在要输入变化的内容处选择工具——邮件合并——信函——使用当前文档——加入数据源——撰写信函——其他项目——完成合并——合并——编辑个人信函——合部生成。

第三节 Excel 操作技巧与案例

Excel 主要用于制作电子表格，以电子表格中的各类数据为基础，实现各类图表、数据统计和各类复杂功能实现，从而解决生活中的实际问题。

一、制作表格的基本思路

Excel 的操作基础很多，限于篇幅和本章的需要，则不具体叙述。不管制作什么样的表格，首先要保证表格好看，即有一定的外观美。一般而言一个完整的表格包括表头、表体和表尾三部分。把握表格的结构之后就要设计表格的线框粗细、文字大小、列宽、行高等基本信息，同时保证表格在整张纸中要水平居中显示。

二、常用函数使用

如果不使用函数，则不能发挥 Excel 的强大功能和作用。函数的语法格式一般由函数名、一对括号和参数构成。如函数名（参数 1，参数 2,……）参数可以是常量、文本、单元格引用、区域、区域名称或其他函数等。输入函数时可以直接输入，即在单元格里面输入“=”、函数名、左手号、参数和右手号，再按回车键，即可完成计算。也可以使用插入函数法使用具体的函数，根据对话框提示操作即可。常见函数介绍见表4-1。本文将用两个案例来说明一般常用函数的使用的技巧和使用方法。

表4-1 常用函数介绍

序号	函数名	格式	功能	备注
1	if	if（条件，值1，值2）	如果条件为真，返回值1，否则返回值2	
2	countif	countif（区域，条件）	返回指定区域满足条件单元格的个数	
3	count	count（区域）	返回指定区域包含的数据个数	
4	vlookup	VLOOKUP（要查找的值，要查找的区域，返回数据在查找区域的第几列数，模糊/精确匹配）	按列查找，最终返回该列所需查询序列所对应的值，如可以用来核对数据，多个表格之间快速导入数据等	
5	max	max（区域）	返回指定区域中最大的数	
6	min	min（区域）	返回指定区域中最小的数	
7	average	average（区域）	返回指定区域中所有数据的平均值	
8	sum	sum（区域）	返回指定区域中所有数据求和	
9	sumif	sumif（区域，条件）	返回指定区域内满足条件的数据求和	
10	rank	Rank（数值，区域）	返回某数字在指定区域的大小排位	
11	rand	Rand（数值，位数）	按指定位数对数字进行四舍五入	

（一）Excel综合应用实例1——制作学生成绩统计表

1. 提出问题

期末了，王教授安排他的助理小李，完成计算机应用基础B这门课程的成绩统计和分析。要求平时成绩、期末成绩、综合成绩以及期末各分数段人数和比例严格按照学前要求实现自动计算和统计，并且要求以上数据真实有效，能够为王教授教学效果评价和试卷分析作参考。如果你是小李，你将怎样利用你所学知识完成此任务？表格样式见图4-4。

2. 主要内容与制作思路

一是制作好表格。根据表头、表体、表尾，特别是表体内容，计算好行列宽度。加好表格边框，让行列表格与字体大小相适应。做到两个居中：让表格在整个文档中居中显示和让表格里的文字在表格中居中显示，同时通过预览观看效果。二是制作功能。涉及的计算处有：平时总成绩、末考成绩、技能成绩、综合成绩、各分数人数及比例、最高最低平均成绩、实考人数等。

重庆大学软件工程学院成绩登记册⑨

2013-2014学年第一学期

承担单位：软件工程学院　课程/环节：计算机应用基础B　学分：2.0　类　别：公共课/必修课

总学时/周数：30/15　考核方式：考查　任课/指导教师：张 三　行政班级：13电子信息科学与技术1　人数：44

学号	姓名	平时成绩(占 20 %) 考勤																总评	中考成绩(占 %)	末考成绩(占40%)	技能成绩(占40%)	综合成绩	备注
201308334001	卜艳	√	√	×	×	×	×	×										25		75	80	67	
201308334002	刘兰	√	√	√	√	√	√	√										100		70	80	80	
201308334003	闫晓飞	√	√	√	√	√	√	√										100		68	75	77	
201308334004	古丹宁	√	√	√	√	√	√	√										100		85	89	90	
201308334005	董芬芬	√	√	√	×	√	√	√										85		85	90	87	
201308334006	慕雨仙	√	√	√	√	√	√	√										100		90	80	88	
201308334007	谭亚非	√	√	√	√	×	√	√										85		80	78	80	
201308334009	彭崇清	√	√	×	√	√	√	√										85		80	89	85	
201308334010	陈佳琪	√	√	√	√	√	√	√										100		90	85	90	

	[100-90](优)	(90-80](良)	(80-70](中)	(70-60](及格)	(60-0](不及格)	实考人数	最高成绩	最低成绩	平均成绩
人数	2	4	2	1	0	9	90	68	80.3
比例(%)	22.2	44.4	22.2	11.1	0.0				

登分人(签字)：　登分日期：　审核人(签字)：　审核日期：

备注：

1、本表一式三份，系（院）一份，试卷装订一份，任课教师自留一份；
2、字迹清楚，一律使用蓝、黑墨水填写；
3、教研室主任任课的，本表复查人（签字）栏由系（院）主管教学的主任签字；
4、考试结束四天之内，于教务网络管理系统中录入成绩；
5、分数段统计请使用“末考”成绩。

期末综合成绩计算方法：

1、综合成绩=平时成绩*20%+技能成绩*40%+末考成绩*40%；
2、平时成绩由平时考勤组成，总计100分，计7次，缺勤一次扣15分，扣完为止；
3、技能成绩根据每次上机实验项目的完成情况进行考核，取5次计算综合成绩；
4、末考成绩根据学生期末上机考试成绩进行评定。

图4-4　重庆大学软件工程学院成绩登记册⑨

3．各关键点的计算公示

（1）**平时成绩的计算机方法**。平时成绩由平时考勤和表现组成，总计 100 分，考勤计 7 次，缺勤一次扣 15 分，扣完为止；缺席一次用“×”表示。用 IF 函数即可实现，在单元格输入以下公示即可：=IF（（100 － COUNTIF（D6：J6，”×”）*15）>0，100 － COUNTIF（D6：J6，”×”）*15，0）。

此单元格涉及两个函数，其语法格式为：IF（条件，值1，值2）=IF（C5<60，“不及格”，“及格”）。COUNTIF（区域，条件）=COUNTIF（C4：C9，“〉80”）。

COUNTIF：返回指定区域内满足条件的单元格个数。

（2）**期末成绩**。期末成绩与技能成绩，直接手工输入。

（3）**综合成绩**。= 平时成绩 *20%+ 技能成绩 *40%+ 末考成绩 *40%。

（4）**各分数段及比例成绩的计算**。用条件统计函数 COUNTIF 进行计算。如统计 90 分以上的个数 =COUNTIF（V6：V14，“>=90”），如统计 80 分以上的个数为 =COUNTIF（V6：V14，” >=80”）－ C16）。这里要说明一下，为什么有 C16 呢，因为要把前面的大于 90 分的个数减掉，不然就重复计算了，其他分数段依次类推。

（5）**实考人数统计**。实考人数统计用 COUNTA（ ）函数。它的功能是统计非空字符函数。=COUNTa（V6：V14）。

（6）**最 大 值、 最 小 值、 平 均 值**。=MAX（V6：V14）、=MIN（V6：V14）、=AVERAGE（V6：V14）。

（二）Excel 综合应用实例 2——用查询函数快速匹配数据

1．问题提出

某应届毕业生快毕业了，学校要查询和了解各论文指导老师所负责学生的就业指导情况。然而就业数据统计表是由学校就业办负责录入的，要导出数据也只有经过就业办才可以。这个数据表导出后排序情况与学院论文指导老师的安排表显然不一致，要让两个数据有效保持一致，如果用传统一一核对的方式进行显然费时费力。如果你是负责数据核对的工作人员将如何操作呢？其实用上面的 Vlookup 查询函数即可实现。

下面我们分析一下此函数的语法格式。VLOOKUP（要查找的值，要查找的区域，返回数据在查找区域的第几列数，模糊 / 精确匹配），一共有 4 个参数。

2．解决思路

通过分析问题，我们得知，首先有两个 Excel 电子表格的数据，见图 4-5 和图 4-6，在两个电子工作簿的表格中，我们只需要学生姓名、就业状态、每个学生对应的指导老师三个核心数据。传统的做法是将两个表格数据进行一一核对，并手工输入数据。数据量小还好，如果上百条或者上千条数据用人工核对和输入的方式显然不符合现代高效率的要求。但通过上面学习了解的 Vlookup 函数查询功能即可实现将图 4-5 中的就业数据匹配到图 4-6 的就业状态中。

XXX学院2019届未就业毕业生指导老师分配表

学号	姓名	导师	班级	就业状态	备注
201512301	张三	张老师	2015软件工程1		
201512302	李四	李老师	2015软件工程1		
201512303	王五	余老师	2015软件工程1		
201512304	赵六	赵老师	2015软件工程1		
201512305	孙七	高老师	2015软件工程1		
201512306	刘八	王老师	2015软件工程1		
201512307	陈九	刘老师	2015软件工程1		
201512308	蒋十	罗老师	2015软件工程1		

图4-5　就业数据

学号	姓名	班级	就业状态
201512307	陈九	2015软件工程1	已就业
201512308	蒋十	2015软件工程1	已就业
201512302	李四	2015软件工程1	已就业
201512306	刘八	2015软件工程1	已就业
201512305	孙七	2015软件工程1	已就业
201512303	王五	2015软件工程1	已就业
201512301	张三	2015软件工程1	已就业

图4-6　就业状态

3．操作步骤

在图 4-4E3 单元格输入等号 =VLOOKUP，再点击菜单栏的 Fx 按钮，在弹出来的函数参考条件对话框中选择相应的区域和条件。点击查找值折叠选项卡选择数据 C3：C10 的数据区域，再点击数据表折叠选项卡选择图 4-5 姓名、班级、就业状态三列全部数据，注意标题栏不要选中。点击列序数折叠选项卡，在此输入数字 3，因为就业状态在姓名之后的第三列数据中，因此本框输入 3。在匹配条件栏输入 false，即按精确查找方式进行。最后单击确定，选择单元格光标的小十字向下拖，其他列表单元格中的数据也就出来了如图 4-7 所示。

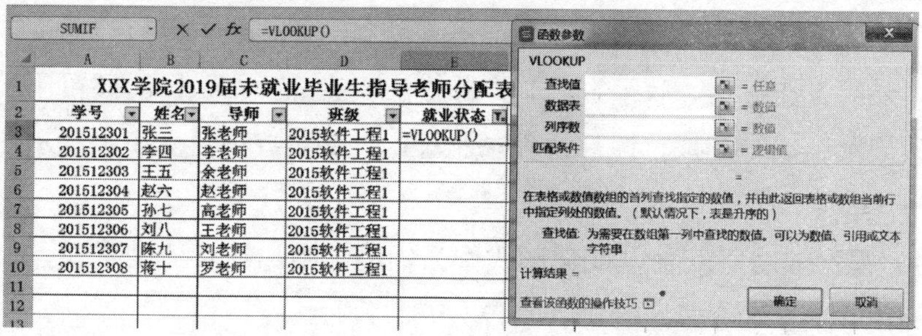

图4-7　操作步骤

第四节　PowerPoint 操作技巧与案例

当今社会，无论是政府公务员，还是企事业单位的工作者；无论是职场达人，还是职场新手；无论是老师，还是学生，在各种场合都需要用到演示文稿，而且是高质量的演示文稿。有一句话叫作："不要让你的演示文稿影响了你的形象。"可见演示文稿是极其重要和应用十分广泛的。因为不管是做总结报告，还是培训教育，不管是做企业宣传，还是业务推广，演示文稿是最好的表达方式之一。能够制作和生成演示文稿的软件有很多，我们一般常用的是 Office 家族的 PowerPoint 软件，本节着重介绍此软件的使用技巧。

一、PowerPoint 概述与基本操作

（一）PPT 是什么

PPT 是 PowerPoint 软件生成的演示文稿，即幻灯片文件，是 PowerPoint 的简称，不是缩写，是微软办公软件 Office 系列之一，其他的还有 Microsoft Word、Excel、Access、FrontPage、Outlook 等。PowerPoint 原本是由美国名校伯克利大学的一位叫 Robert Gaskins 的博士发明的。后来被微软件公司收购，并发扬光大。

（二）PPT 能做什么

PPT 用途广泛：一般常用于公开演讲、商务沟通、经营分析、业绩报告、培训课件，还有工作汇报、政策宣传、产品推广、企业介绍，同时还可用于个人相册、自我展示、成绩汇报、课件过程录制等，只要是有项目呈现和展示环节的都可用它解决。

（1）**视觉辅助**。就是以视觉形式作为辅助。给出图片或文字要点，讲解者作说明介绍（展示、介绍、开会背景等）。

（2）**会场播放**。PPT 用于视觉辅助时是配角，用于会场播放时则成为了主角，也就是自动播放。

（3）**教学课件**。任何培训与教学基本上常用的就是 PPT 课件。

（三）PowerPoint2003 的基本概念

（1）**演示文稿**。就是一个 PowerPoint 文件，其拓展名为 .ppt。

（2）**幻灯片**。在演示文稿中由若干张内容相关页结构独立的一张一张的幻灯片组成的。

（3）**模板**。分为设计模板与内容模板。设计模板包含预先定义的格式和配色方案、背景图案等，可以应用到任意演示文稿中创建独特的外观；内容模板包

含与设计模板类似的格式和配色方案，加上带有文本的幻灯片，文本中有特定主题提供的建议。PPT 软件本身提供了数十种模板，供用户选用。

（4）**母板**。是一张具有特殊用途的幻灯片，其中预设了幻灯片的标题、字形、格式与位置，以及背景设计和配色方案等。修改母板会影响到所有基于该母版的幻灯片。

（四）PPT 软件的启动与退出

（1）**启动**。一是常用方法。鼠标直接点击桌面的图标或在开始菜单中找到 Microsoft2003/Microsoft powerpoint2003，即可启动。二是通过运行命令。在运行栏输入 PPT 软件的启动文件路径。例如：C：/Program Files/Microsoft Office/Office12/POWERPNT.exe

（2）**退出**。一是执行窗口中文件 | 退出命令。二是单击窗口标题栏右端的关闭按钮。三是双击标题栏左端的窗口控制菜单图标。四是使用快捷键，同时按下 Alt+F4 组合建。

（五）创建演示文稿

（1）**创建演示文稿**。创建一张主、副标题版式的空白幻灯片，不包含任何样式，用户可以自行设置颜色、布局和网络等，具有灵活性。

方法一：使用工具按钮，单击常用工具栏的“新建”按钮，立即创建一个空演示文稿。

方法二：使用菜单命令，执行文件 | 新建 | 空演示文稿，即可创建一个空演示文稿。

（2）**使用内容提示向导创建演示文稿**。内容提示向导提供了不同主题和结构的演示文稿示范，如实验报告、招标方案、商品介绍、贺卡等。

方法：在新建演示文稿任务空格中，单击根据内容提示向导超链接，将出现“内容提示向导”对话框，选择其一。

（3）**使用设计模板**。使用已经设计好的幻灯片样式和风格。

方法：文件 | 新建 | 新建演示文稿 | 根据设计模板 | 可供使用。这种方法只能创建一张标题幻灯片，其他幻灯片还需用户自行创建。

（4）**使用“现有文稿”创建新的演示文稿**。这种使用方法比较常见，即在原来比较喜欢的模板上进行修改再次完善。

（六）打开演示文稿

如果用户需要对已有的演示文稿进行编辑、修改或播放，必须先将其打开。

（1）**文件 | 打开**。

（2）**常用工具栏中的打开**。

（七）演示文稿的保存

（1）**执行文件 | 保存**。

（2）**Ctrl+S**。

（3）**单击常用工具栏中的保存按钮**。

（八）演示文稿的编辑

1．PowerPoint 的视图方式

为了方便用户从不同角度编辑和查看演示文稿，设置了不同的视图。一是普通视图。是常用的方式也是默认视图。幻灯片、大纲和备注页集成在一个视图中，便于全面了解演示文稿中各幻灯片的名称、标题和排列顺序。二是幻灯片浏览视图。以缩略图的形式显示演示文稿的多张幻灯片，既可以从整体上浏览所有幻灯片的效果，还可以方便地复制、移动和删除幻灯片，但不能对幻灯片的内容进行编辑和修改。三是幻灯片放映视图。放映幻灯片，且每张幻灯片占据整个计算机屏幕，进行逐张播放，可以听到声音，看到各种图形、图像、视频、动画效果等。按 ESC 键随时停止播放。

2．文本的输入与排版

（1）**文本的输入**。不能直接输入文本，只能通过占位符或文本框进行操作。在占位符中输入文本。新建的幻灯片中包含一个或多个虚线方框就是占位符，主要用于输入标题、正文和其他内容。一个简单的方法就是在窗口右边的任务窗格中，选择应用幻灯片版式或内容版式进行编辑。要说明的是幻灯片左侧是缩略图，编辑区下方是备注窗格。备注栏的主要作用就是，写下演讲者的关键信息，防止遗忘。还可以使用文本框输入文本。方法是插入 | 文本框 | 横排或竖排。

（2）**文本的排版**。一是设置字体。字体、字号、加粗、倾斜、下划线、阴影、文字方向、字体颜色、对齐方式、项目编号等命令。二是设置段落。用到的主要命令有对齐方式（左对齐、居中、右对齐、分散对齐）、段落缩进（指段落与文本区域内部边界的距离，有首行、左右缩进）、行间距与段落间距（行距决定一个段落中各行之间的距离，而段间距决定段落与段落之间的距离）、设置项

目编号（格式 | 项目符号和编号）等命令。

（3）**图形、图片和艺术字的插入**。一是插入图形。线条、矩形、圆形、流程图等，用户可以绘制，也可以使用自选图形。自选图形是现成的，插入后，可以进行修改、变形、排列、组合等设置和调整。方法是：单击图形，图形周围出现 8 个圆圈状的“控点”，拖动可以更改大小和形状。二是插入图片。插入 | 图片 | 来自文件。三是插入艺术字。艺术字是一种具有特殊效果的文字，它实际上是一种图形对象，可以拉伸、倾斜、弯曲、旋转。操作方法是插入 | 图片 | 艺术字。同时还可以设置“阴影样式”和“三维效果样式”。

（4）**表格和组织结构图的插入**。插入表格。插入 | 表格。插入组织结构图。插入 | 图片 | 组织结构图。

（5）**声音和影片的插入**。插入声音。有四种方式可以插入声音，有自动播放还是单击时播放两种。一是插入剪辑管理中的声音剪辑。插入 | 影片和声音 | 剪辑管理器中的声音，在剪贴画任务窗格中单击所需的声音剪辑。二是插入声音文件（.wav、.midi、.mp3、.wma 等格式）。插入 | 影响和声音 | 文件中的声音。三是插入 CD 乐曲。插入 | 影片和声音 | 播放 CD 乐曲命令。四是插入影片（支持 .avi、mov、qt、mpg、mpeg 等格式）。插入 | 影片和声音 | 文件中的影片，双击所需的影片文件，即可将影片插入幻灯片中。注意弹出对话框的处理。

（九）幻灯片的基本操作

在制作演示文稿的过程中，经常需要插入幻灯片，也需要对幻灯片进行复制、移动和删除等操作。

1. 幻灯片的选定

“先选后操作”是电脑对象操作的基本原则，可以对某张或多张幻灯片选定进行操作。在普通视图或浏览视图下选定幻灯片。

2. 幻灯片的插入

（1）插入 | 新建幻灯片。

（2）普通视图下，左侧右键 | 新建幻灯片。

（3）Ctrl+M。

3. 幻灯片的复制

Ctrl+C、Ctrl+V。

4. 幻灯片的移动

Ctrl+X、Ctrl+V。

5. 幻灯片的删除

Delete。

6. 幻灯片的隐藏

幻灯片放映 | 隐藏幻灯片，可以使选定的幻灯片在放映时隐藏起来不显示，但是在编辑状态仍然可见。

（十）演示文稿的修饰与美化

1. 添加动画

（1）为幻灯片添加动画效果。在普通视图或幻灯片视图中选定需要设置动画效果的幻灯片，执行 | 幻灯片放映 | 动画方案。

（2）自定义动画。

2. 设置切换效果

也叫过渡效果。

3. 插入超级链接

（1）通过菜单命令插入。

（2）通过插入动作按钮创建超级链接。

4. 配色方案与背景颜色

（1）配色方案。一是系统默认的配色方案，选择其中一个进行应用。二是自定义配色方案。

（2）背景颜色。背景颜色的改变与调整、更改背景的填充效果。

5. 使用设计模板

模板是一个扩展名为 .ppt 的演示文稿文件，包含了预定义的文字格式、颜色和图形等一系列设计方案。

执行“格式” | 幻灯片设计 | 单击其中的设计模板链接。

6. 使用幻灯片母版

（1）功能。实际上就是一种特殊的幻灯片，它包含了幻灯片文本和页脚（日期、时间和幻灯片编号）等占位符，这些占位符控制了幻灯片的字体、字号、颜色包括背景色、阴影和项目符号样式等版式要素。

（2）组成。包括幻灯片母版、讲义母版、备注母版三种类型。

（3）使用幻灯片母版。视图 | 母版 | 幻灯片母版 |，一般包括两个母版，一个是标题幻灯片，另一个是其他幻灯片使用的母版。

（十一）演示文稿的放映、打包及打印

1. 设置放映方式

放映类型有演讲者放映、观众自行浏览、在展台浏览三种。

2. 幻灯片的播放控制

从头到尾按 F5 键，当前幻灯片有两种方式：一种是 Shift+f5，另一种是状态栏下面的“酒杯型”按钮。

3. 演示文稿的打包

（1）打包成 CD。

（2）打包到文件夹。

（3）使用 PPT 播放器播放演示文稿。没有安装软件，也可以使用播放器进行放映演示文稿。

4. 演示文稿的打印

（1）页面设置。

（2）预览打印设置项。

（3）打印设置项。

二、PowerPoint 设计应用基础知识

（一）基本知识

1. PPT 的结构

一个完整的 PPT 结构应分为封面、目录、章节、内容和结尾五大部分。

（1）**封面页**。封面是观众第一眼看到的，因此要求大方、美观，给人一个美好而深刻的第一印象，罗列出主要信息如标题、时间、主讲人、联系方式、与主题相关的元素。一般有纯文字封面和图文并茂的封面两种。

（2）**摘要页**。目的、方法、结果和结论等基本要素，整个页面用文本对象，少用图片。

（3）**目录页**。使用目录能够更清晰地展现内容。

①项目符号 / 编号型目录。

②图标型目录。

③图片型。

（4）**转场页**。也叫过渡页，主要是根据目录来制作的，最简单的就是将目录放到一段内容的前面，再着重显示。也可以精心设计一番。

（5）**内容页**。内容页占据了PPT中大部分的幻灯片，表现形式多样，可以是文字、图片、图表、视频等素材。

（6）**总结页**。归纳总结，主题再次重申，现状概括和未来憧憬。

（7）**结束页**。一般包括致谢、联络方式等内容。是PPT表述语言的礼貌用语。

2．PPT设计原则

（1）**目标单一**。制作PPT时不要想着将一份PPT用于多个场合，否则很难确定PPT的中心思想。因此，制作PPT时一定要坚守一份PPT，一个目标的原则。

（2）**逻辑清晰**。在制作PPT时应该将主题确定，然后围绕这个主题展开多个节点，最后用相关的内容对这些节点进行说明和表述。

（3）**中心明确**。两个中心分别是指演讲者和每一张幻灯片的话题中心。PPT在演讲中主要起辅助作用，演讲者才是中心。同一时刻只能让一个点吸引观众的注意，其余的都是点缀，观众了解关键词和问题后，就会带着问题听取演讲者的讲述。

（4）**风格简明**。一般情况下，一个PPT应该做到不超过3种字体、3种色系、3种动画效果。

（5）**概念从少**。每张幻灯片传达5个概念，效果是较好的，多于5个，人的大脑负担过重。

（6）**图表优先**。八字真言："文不如表，表不如图。"

（二）PPT制作流程

1．情景分析

情景分析是指对演示文稿放映环境的分析，主要包括面对的听众、演讲的环境，以及演讲所需要达到的目的等内容。

（1）**听众分析**。一定根据听众的思维来构思幻灯片的逻辑结构。听从是谁、听众知道些什么、听从的期待和偏好是什么、听众感受和兴趣点在哪里、怎样激发他们的兴趣。

（2）**环境分析**。听众人数、会场大小、设备状况、时间长短、会场氛围。

（3）**目的分析**。只有掌握 PPT 演讲时的目的，才会有所侧重地传递信息、刺激思维、说服听众。

2．结构设计

（1）确定主题。

（2）确定结构。

①写出你的演示或汇报目标。

②分析你的听众，找到最适合他们的表达方式。

③将构思 PPT 的过程绘制成思维导图。

④为每个核心要点寻找最有说服力的论据。

⑤及时记录下头脑中闪现的灵感。

3．内容编排

4．提炼与美化

（1）**精炼内容**。使用时一定要取其精华，去其糟粕，做到精益求精。文字不要太多，不要整板都是文字。

（2）**制作专业的主题**。一是统一风格，二是统一版式，三是统一文字，四是统一色调。

5．反复试放

（三）PPT 版式与布局样式

1．布局样式

（1）**标准型**。常见简单而规则的版面编排类型，一般从上到下的顺序为：标题 / 标志图形 / 图片 / 图表 / 说明文。

（2）**全图型**。用一张图占据整个版面，然后在适当的位置直接加入标题、说明文或标志图形。

（3）**文字型**。文字是主体，图片仅仅是点缀。

2．注意事项与技巧

一是一张幻灯片一个内容；独立对象不能太多，不要超过 2~4 个单位区域。二是整体版面要协调，尽量做到“横向同高，纵向同宽”。三是要符合视觉习惯，从左到右、从上到下、顺时针、Z 字形等自然序列。四是用图形来引导文字，例如，增加自定义图形背景、边框等，增加视觉效果。

（四）文字型幻灯片的处理

1. 文字幻灯片的类别

一是要点型、说明型文字幻灯片。通常由一个标题或一个中心主题和若干个说明要点纲要共同组成。二是步骤推导型幻灯片。突出事物之间的顺序，如循环关系和递进关系。三是关系说明型文字幻灯片。文字说明事物的关系，还包括筛选、讨论、矛盾关系、作用与反作用、部分与整体、平衡关系等。

2. 文字使用原则

一是尽量使用较大字体。原则上，标题字号不低于 32 磅（建议 44 磅），正文字号不低于 24 磅（建议 32 磅）。每相邻级别的字号差别不要大于 4 磅。二是字体不超过 3 种。三是文字内容一定要精练，最好事先进行提炼概括。三是布局规范统一。每张幻灯片的标题、正文内容一定要在统一位置上；文本与文本要对齐，文本与图片也要对齐。四是适度的间距。行距包括标题与标题之间、标题与正文之间，正文行与行之间。五是文字中末尾词组不可断，不能有错字、别字等。

（五）幻灯片中图形、图片的处理

1. 如何进行图文搭配

一是文字在图片内。选用的图片一定要拥有大面积的空白，这样在上面添加文本内容才能清晰可辨，否则影响效果。二是文字在图片外。只要将图片调整得与幻灯片的高度或宽度相同即可。三是使用图形在图片中添加文字。当素材中没有大面积的空白区域时，利用自选图形创建一块色调均衡的区域来放置这些文本内容。并设置适当的透明度，这样既让文字显得清晰，也能够清晰地观看查看图片。

2. 使用图片的原则

视线向文字。文字始终才是主角，图片只是配角，配角作用就是让观众注意到主角，所以人物图片的视线要尽量朝向文字。如果幻灯片中使用了两张人物图片，则需要将两者相互面对。多个人物视线要一致，地平线要统一，空白留一边，留前不留后。同时要注意到使用的图片一定要真实、清晰，主题要突出，细节要清楚，不能有变形和失真，图片位置不能随意摆放。

三、如何用 PS 配合设计

一份精美的 PPT，在设计时不仅要从内容的逻辑上去仔细推敲，还要从外观形态上去仔细设计。说到底是对设计者的美工、平面构图、颜色搭配等技术和技巧的考验。

俗话说，文不如图，图不如表，表不如视频。一个 PPT 中需要多种素材进行搭配才会好看，只有文字显得太呆板，只有图片没有文字显得没有厚重感。图片的原片不能直接满足设计内容的需要，一般都要进行后期处理。就像照相一样，好的相片都是后期加工处理的。因此，调整图片的颜色、设置图片的像素大小，以及编辑图片本身的内容等基本处理技能需要设计者掌握。因为在制作幻灯片的过程中需要用到简单的图片处理技术，由于本书不是介绍 Photoshop 图片处理的。因此，这里只是简单介绍如何使用 PS 进行抠图的思路。

为什么要抠图呢？因为背景要透明，即在 PPT 中只显示需要的前景图片，图片的背景与 PPT 背景图片要融合，即背景透明化和羽化。经过这样处理的图片，看起来就会很漂亮。过程大致为：打开 PS 软件，找到原图片；拖入或导入图片至 PS 工作区域；双击图层进行解锁；新建图层，同时移到原图层下方；选取或羽化选取将保留的部分；选择菜单——反选——按 del 键删除不需要的部分；裁剪——调整大小；另存图片为 png 格式——交错格式的图片（即透明背景）；导入 PPT 中再进行调整和编辑。

第五章　求职简历——跨过求职的门槛

简历在求职过程中发挥着重要的敲门砖作用，能否制作符合各大企业和 HR 阅读标准的简历也是职业素养的一个重要组成部分。但简历往往被很多应届毕业生或者求职者忽略掉。要知道 HR 的邮箱或者办公桌上每天都会收到堆如小山一样的简历。怎样才能让自己的简历进入挑选者的法眼？显然，符合公司需求且看起来爽心悦目的简历就成了求职应聘最关键的第一步。因此，必须加强简历设计和制作技巧的学习，以便自己顺利进入面试和后面的环节。

第一节　简历制作技巧

一、你的简历是如何被淘汰的

许多求职者投了许多简历出去，结果都是石沉大海、杳无音讯，却不知道是哪里出了问题。除其他不可控因素，我们可以通过审核简历来查查自己原因。如：

简历做得像文件稿，整版都是文字，且内容无主次、无结构、无特点等，不利于阅读的将会被立即舍弃；

简历缺乏关键信息，在整个简历中找不到招聘方想看到的信息和重要内容，也会被立即舍弃；

“一本万利”和“万金油”模式的简历，即有的同学做一份没有任何针对性的万能简历同时发送到不同的公司，将会被招聘方无情地舍弃；

简历普通得和前面的简历一模一样，只有姓名不一样的将会被舍弃；

有低级错误的简历，如有错别字、信息错误、常识错误等，会被舍弃；

内容前后矛盾或者支撑不够的，前面交待了自己有 3 年工作经验，却没有实际项目经验去印证的简历，也会被认为需要进一步核实，同时也有可能被舍弃；

还有一种特殊的情况，就是简历太花哨，不是公司人力资源想看的简历，会被舍弃。

二、简历的要素与构成

（1）个人信息（Personal Information）。

（2）求职意向（Job Objective）。

（3）教育背景（Education of Academic Background）。

（4）工作或实习经历（Professional Experience）。

（5）项目经历（Project Experience）。

（6）社会实践（Extracurricular Awards）。

（7）奖励情况（Honors and Awards）。

（8）英语、技能情况（English and Skills）。

（9）其他个人信息（Other Information）。

三、制作简历

（一）简历的规格和版式

1. 简历的篇幅

（1）中英文一般各控制在一页纸以内。

（2）如果确定信息多，最多就两页，第二页的篇幅应不少于 1/3。

（3）重要的信息放在第一页。

2. 简历的字体和字号

（1）小标题和题头部分的姓名用黑体。

（2）正文部分一般用宋体，避免在一份简历中使用多种字体。

（3）姓名一般用大号字和二号字，正文通常用五号字，可以用黑体强调。

（4）不要将简历内容安排得太满太密，适当设置页边距和留白。

（5）描述工作实习经历、社会实践经历等具体内容时，最好使用项目符号。

3. 简历用纸与打印

（1）使用 80g 以上的 A4 纸。

（2）少用复印简历，少用彩色打印。

（3）不要选择喷墨打印，要用激光打印。

（二）简历各要素详解

1. 简历个人信息

（1）必有信息：姓名、联系方式（手机、固定电话、邮件、地址）。

（2）可选信息：性别、年龄、政治面貌、籍贯、民族、照片。

2. 求职意向

（1）简历的核心内容，应当尽可能明确和集中，与专长、兴趣一致。

（2）切中要点，切忌空泛。

3. 教育背景

（1）必有信息：时间段、学校、学院或专业、学历等。

（2）可选信息：研究方向、主修辅修课程、研究项目、排名、活动等。

4. 工作实习经历

（1）简历的重点，如果经历与应聘职位或需求相关，几率更大。

（2）实习经历、兼职经历、社会实践经历等均在尊重事实的基础上进行提炼描述。

普通的描述，如有的求职在填写工作经历和社会实践时，简单罗列了任职情况：2019/9 ～ 2020/6 ×× 学院计算机学院大学生创业基地（SOVO 公司）进行职业技能实践；2018/9 ～ 2019/7 ×× 学院计算机系团总支宣传部部长。这样的填写无疑也没有错误，但看不出具体的工作、扮演的角色及工作业绩，很难确认是否符合要求。换话说，不能让面试者下定决心是否留用。

正确地提炼描述。工作时间、公司名称、简介、部门简介、职业名称、工作实习具体内容，案例法则：事迹 + 数字说话。

5. 奖励情况

● ××× 学院一等奖学金两次（2/30）。

● ××× 学院三好学生两次（2/30）。

6. 英语计算机及专业技能

掌握技术：Web 标准前端设计（XHTML 及 CSS 代码可通过 W3C 校验）、DIV+CSS 布局、Photoshop 平面设计、jQuery、Javascript、CSS Sprites、页面设计、简单的 HTML5 以及 CSS3、简单 SEO 优化、简单 Flash 设计，J2EE、J2SE、ASP.NET、SQL Server 等后台开发技术。

特长：绘画（手绘、数码绘画、绘画作品博客）。

7. 其他个人信息

（1）兴趣爱好和求职方向一致。

（2）爱好不宜写得太多。

（3）自我评价：一般不建议写，除非有要求。

四、人职匹配模型

这个求职模型图 5-1 说明什么问题呢？说明企业需要的不一定是最优秀的大学生，但一定是最适合他们的。

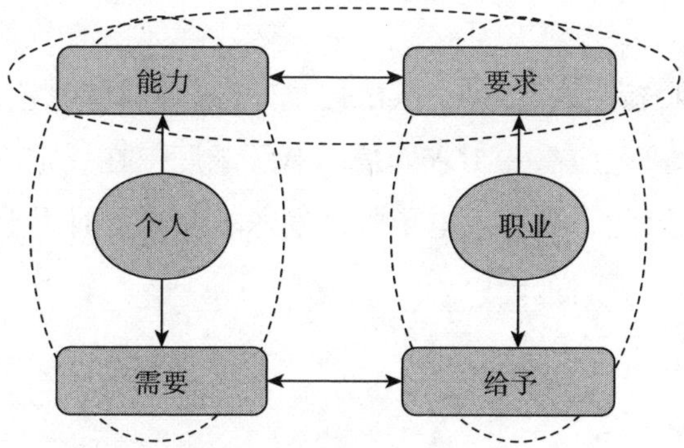

图5-1　人职匹配模型

每个人都有自己的期待和愿望，但这份期待和愿望一定要根据自己的能力来匹配企业的要求。如你具备的教育背景、学习成绩、学习经历、项目经历、社会实践、个人技能等能够满足企业的需求，同时企业提供的待遇基本能够满足你的要求，就容易双向选择成功。因此，我们在做设计和制作简历时一定要做到：真实性、独特性、相关性和简洁明了。在描述社会实践和工作经历以及其他获奖情况时要用**关键词说话、行为词说话、数字说话和结果说话**，不能简单描述。

五、简历检查与评估

简历制作完成了以后一定要反复检查和仔细阅读，一定要让简历信息准确、语法通顺、结构合理、重点突出、描述精练、爽心悦目。

（1）联系方式如邮箱、QQ、手机等信息是否有误。

（2）版式、字体、整齐、错误等。

（3）打印整体效果是否美观。

（4）重点是否突出，岗位是否匹配。

（5）站在面试官司的角度审核和检查。

第二节　求职信撰写技巧

求职信，也叫自荐信，Cover Letter。打开邮件时除有应聘职位 + 学校 + 姓名 + 电话的信息外，还应有一封求职信。有了求职信在一定程度上会增加 HR 的好感和情感热度。因此，当你用电子邮件发送求职简历时附上一封求职信，会为你的应聘带来好运。

一、作用

争取面试机会。

二、提醒

求职信不等于重复简历。

三、结构

一般采用三段式。第一段，开门见山表明自己的求职意愿；第二段，求职信的核心，与职位相关的优势及工作经历；第三段，请求对方阅读自己的简历，给予面试机会。

注意：开头一定要简洁明了和直接，同时要展现出你对公司的了解，你的应聘优势，结尾段一定要简单真诚。千万不要虽然热情洋溢却让人感到华而不实，讲述大篇却不着重点。

第三节　简历的投递

简历撰写完毕，经检查无误之后就可以根据招聘通知进行投送简历了。如果是现场投递简历一定要打印纸质版的且穿戴干净和整齐，仪表仪容方面还要做适当准备，具体内容将在后面的内容作介绍。

一、邮件投送

用邮件投送简历时一定要仔细填写相关内容，如主题不能简单写上应聘、简历、求职等字样，还应该写上应聘职位 + 学校 + 姓名 + 电话。正文应该将自己的求职信、简历等主要内容填写上，再以附件的形式将简历文档附上。有的同学在填写邮件时，只有附件，没有邮件内容，甚至连称谓都没有，这是极其不礼貌和不规范的。

邮件发送也有几种形式，有的是用 QQ、126、163 等邮箱直接发送，而有的是用邮件客户端发送。不管用哪一种方式，发送完毕之后一定要仔细检查，看邮件是否送达对方邮箱，不能点击了发送就不管了，万一邮件因为各种原因被退回来了。

二、训练发邮件

向你的辅导员老师或者其他专业老师，就目前的学业和毕业相关事宜进行沟通，写一封完整的邮件。

称呼，应顶格书写，单独成行，以示对收信人的尊重。称呼后面加上"：”，表示领起下文。

启辞，即正文的开场白，或向收信者问候致意，或寒暄客套，或提示写信原委等。

正文，从第二行开始，前面空两字。如果启辞单独成行，正文可在启辞的下一行空两字开始书写，转行时顶格书写

祝辞，即结尾时对收信人表示祝愿、钦敬或慰勉的短语。如“祝健康快乐”“即颂近安”“此致敬礼”之类。

第四节　善于研究招聘信息

好工作不仅要找，还要善于研究。我们很多同学不善于研究招聘信息，不善于去分析招聘信息里面包括的信息密码，由此失去很多机会。其实，只要自己知识和技能过硬、品质优秀，没有理由实现不了自己的理想。因此，我们要善于研究招聘信息。

一个著名的职业顾问认为，有一个合理的职业规划，更有助于大学生求职，可以有效地避免因为频繁换工作带来的负面影响。所以我们第一步要做的，就是定位好自己的发展方向或适合职位。说白了就是要求同学们在投递简历之前，应该认真分析一下用人单位具体的应聘条件，看看这些信息与自己的职业发展方向及自身的兴趣能力是否吻合。如果是抱着“随便找到一个先做着，不行再换一个”的心态，对自己和公司来说都是不负责任的做法。方向不对努力白费，这样会导致很多大学生频繁地更换工作岗位，而不能专注于自己擅长的领域。

一、确定方向，合理定位

在各大求职招聘网的首页上，搜索 IT 公司的“市场部”岗位，在搜索中摘录一个招聘信息，请看他们对职业的要求：

（1）具有丰富的市场营销经验，善于沟通，有良好的文字及语言表达能力。

（2）对市场营销工作有一定认知。

（3）有较强的市场感知能力、敏锐地把握市场动态、市场方向的能力。

（4）负责公司的市场拓展、活动策划和文案策划工作，挖掘新的市场机会，促进销售目标的实现。

（5）出色的人际沟通能力、团队建设能力、组织开拓能力。

（6）深入分析渠道和客户特征，有针对性地提出提升方案。

（7）新市场、新机会可行性研究、探索和跟进，包括新老产品的市场拓展。

（8）配合其他部门的相关工作。

（9）责任心强、工作态度积极乐观，能承受一定工作压力。

多年从事招聘的职业顾问给当代大学生的建议是：招聘方的职位要求虽然是一个相对广泛的内容框架，却是学子们写简历的最好参考和模板。因为，企业有什么样的需求，就按照他的需要去准备。所以，简历屡投不中或者不知道如何写简历的同学可以参考招聘公司的职位要求，把自己符合条件的优先列举出来，再根据主次和优秀顺序进行一一呈现。

二、主动谋划，分析职位

很多用人单位的招聘条件看起来非常吓人，似乎高不可攀，但是如果细分下来，你会发现并没有那么难。只要认真努力准备，也许你可以实现。所有的用人需求都能够按照需要被分为三个层次：

（1）知识：应聘者所需要的人文常识、专业知识和行业知识。

（2）技能：应聘者所需要的相关技能和通用能力。

（3）才干：应聘者所需要的相关的才干、气质、品质。

（一）案例解析

根据上面的招聘要求，我们套入公式看一下：

（1）知识要求：市场营销有一定认识，很简单。通过网课或者急训是可以补得起来的。

（2）技能要求：包括人际沟通、团队建设、组织开拓、提升方案、分析渠道与客户特征、可行性研究、市场拓展、协作配合等。这些技能和素养，当过学生干部的同学是可以在短时间内弥补上的。

（3）才干要求：包括市场感知力、把握市场动态与方向、责任心、积极乐观、承担压力。

（二）知识部分

大部分的非研究型岗位都没有对专业知识有相当明确的要求，**因为工作会教你的东西，你永远在大学学不会**。如果这个方面有所缺陷，你要做的事情就是，在求职前恶补一段。一般这些内容会在下面的地方找到：

企业网站、企业的文化、经营模式、最近的目标、最近的行动与策略，相关的行业网站、论坛、专业书籍等这些都可以恶补。

（三）技能方面

大部分工作要求有工作经验，其实就是在要求有相关的技能。这也许会让你郁闷——我有工作经验，就不会找不到工作了。没有工作，哪里来的工作经验呢？其实不然，技能有一个学名，叫作“**可迁移技能**”，也就是说很多技能方面的东西，可以迁移到未来新的工作去。

比如说，如果你在学校有组织活动，那么你就拥有了“组织开拓、配合、团队合作能力”，也许你还可以有一些“人际沟通”。如果你在学校通过和企业的合作达成了一些赞助项目，那么这也是“市场开拓能力”与“预算能力”的一种。在学校里面的科研活动也可以帮助提高“分析能力”。

简单来说，其实每一个人都有这些技能能力，需要你去发掘。

（四）才干方面

才干其实才是企业选择的重点，这个人有什么核心的品格，有没有与企业相关的气质，做市场的有没有冲劲，做研发的是不是细心，做行政的是不是负责。这些都在面试环节要重点考察。

对于才干，其实很难短期培养出来，更多地需要自我发现与自我寻找。所以与其在求职环节希望培养自己的才干，不如发掘与定位自己的才干。

第五节　真实案例参考

一、进入高校的简历

1. 进入高校简历一

自荐信

尊敬的领导：

您好！

我本科毕业于西南师范大学计算机与信息科学学院教育技术专业，现在于四川师范大学计算机科学学院教育技术专业攻读硕士研究生，研究方向为数字媒体技术与艺术。十分高兴地得知贵校招教育技术教学科研人员。我具备了学院的各项要求，希望加入学院与学院共同攀登事业的巅峰！

在专业学习上，我勤奋努力，脚踏实地。有扎实的教育技术理论，熟练掌握了摄录编、非线性编辑、三维动画制作、平面设计、网站设计、网络技术、办公软件等专业技术。同时具备了广告创意和文案的基本能力。科研方面，我发表学术论文三篇，参研科研项目三个。

在社会实践上，我积极进取，开拓创新。积极参加各种素质拓展活动，本科期间曾多次参加我校网络教育学院的网络资源开发工作，曾担任我班组织委员，曾发起并组织同学创办了“西南师范大学学生演讲与辩论协会”，并担任协会秘书长。参与了重庆数字频道的汽摩频道的《汽摩万花筒》（该频道是全国唯一国家批准的，做有关汽车和摩托车的数字频道）节目制作。另外，还参加了全国大学生电子设计大赛，并获奖。研究生学习期间，广泛参加社会实践，曾在成都电视台新闻综合频道《金秋生活》周末版从事节目摄像与制作；曾到四川省雅安市天全县教育局挂职锻炼，任教育局长助理一职；参加了四川省委组织部选调生考试，报考雅安市雨城区，进入面试前八名；加入全国高校摄影协会，四川省高校摄影协会。

简历及相关材料均已附上，最后衷心感谢您在百忙中阅读此信。祝您身体健康，万事胜意！

此致

敬礼

自荐人：××××

20×× 年 ×× 月

个人简历

个人简介

姓名：×××

生日：1981 年 ××× 月 1 日

籍贯：四川 ×××

专业：教育技术学

数字媒体技术与艺术方向

政治面貌：预备党员

联系方式

电话：028-8476××××

手机：13×××××

邮箱：zh×××_543@yahoo.com.cn

教育背景

2001 年 9 月—2005 年 6 月，本科就读于西南师范大学计算机与信息科学学院教育技术系，获得理学学士学位

2005 年 9 月—至今，于四川师范大学计算机科学学院攻读硕士学位，研究方向为数字媒体技术与艺术

英语能力：能阅读和翻译本专业的外文资料，具有较好的外语听说读写基础，已经通过 CET4 考试，研究生学位英语。

实践技能：

计算机：精通 Fireworks/Photoshop 等平面设计软件；

熟悉 3D MAX/COOL 3D 等三维设计软件；

精通 Microsoft Office 办公软件；

具备计算机网络基本理论知识，能熟练应用 Dreamweaver/Flash/Frontpage 进行网页设计、网站建设；

摄录编：熟练掌握了有线电视系统、摄像、线性编辑、非线性编辑、视频特效等影视技术。有丰富的影视制作经验。

工作经历：

2003 年寒假与 2004 年暑假在西南师范大学网络教育学院网络资源开发；

2003 年暑假在西南师范大学参加全国大学生电子设计大赛；

2004 年 9 月 1 日—11 月 30 日在教育技术系影视制作实验室教学实习（制作数字电视节目）；

2006 年 9 月—2006 年 12 月在成都电视台新闻综合频道参与《金秋生活》周末版节目的摄像与制作；

2007 年 3 月—2007 年 9 月赴四川省雅安市天全县教育局挂职锻炼，担任教育局局长助理一职；

2007 年 10 月—2007 年 12 月在北京博视东方广告有限公司从事广告策划，品牌营销等工作。

成绩荣誉：

2007 年 11 月四川师范大学优秀团员

2007 年 11 月“科讯杯”全国师范生 DV 大赛一等奖

2007 年 6 月四川师范大学计算机应用大赛影视作品类优秀奖

2006 年 11 月四川师范大学学术论坛优秀论文一等奖

2006 年 11 月四川师范大学“三好学生”“优秀奖学金”

附录：

一、公开发表论文

1. 《浅谈网络教学的过程观》发表于《计算机科学》2006 年第 33 卷七月专辑（第一作者，核心期刊）。

2. 《由教育技术专业学生就业现状引发的几点思考》发表于《信息技术

教育研究进展（2006）》，ISBN 7-5383-3731-8/G 3369（第二作者，一般刊物）。

3．《基于结构特性分类法的学习对象设计》发表于《计算机科学》2007年第34卷7月专辑（第二作者，核心期刊）。

二、制作影视节目

序号	作品名称	类型	主要工作	用途
1	《筷乐民谣》	广告宣传片	策划、摄像、编导	用于户外广告媒体播放
2	《非线性波动系统的适定性与孤立子》	专题片	策划、摄像、编导	用于课题展示，成果汇报
3	《长岛咖啡》	广告片	摄像、编导	广告宣传
4	《夜·锦》	艺术片	导演、编剧	参加全国师范生 DV 大赛获一等奖
5	《用爱心铸就一个天堂》	纪录片	摄像、剪辑	参加全国师范生 DV 大赛
6	《二郎山下的教育之歌》	专题片	策划、编导	宣传片

三、参与科研项目

1．参与教育部—微软（中国）“携手助学”合作项目《应用信息技术促进教育均衡发展推动中国农村基础教育跨越式发展》之子项目“农村初中学生信息素养发展策略研究”，2006年7月赴云南腾冲第八中学进行调查研究。

2．参与博士基金项目《西部少数民族地区汉字教学与信息技术整合》，2007年6月在阿坝若尔盖县唐克乡开展相关教学实验。

3．参与校级科研攻关项目《攀枝花市矿区道路视频监控系统设计研究》，2007年9月负责设计该项目的具体实施方案，负责实验的开展以及数据处理和报告的提交。

四、制作网站

1．电子科技大学《五人制足球》精品课程网站。

2．四川邮电职业技术学院《通信电缆线路》精品课程网站。

3．博视东方广告公司网站。

4．唐克九年一贯制学校网站（http：//www.tangkexx.cn/）。

5．西南师范大学《地理信息系统》网络教学网站。

部分作品截图

金秋生活
周末版
夜·锦
用爱心
铸就一个天堂
关注西部民族教育
FUTSAL COURSE
二郎山下教育之歌
四川省天全县人民政府
友情是真
挚爱为岛
——长岛咖啡
Long island Coffee

2. 进入高校简历二

自荐信

尊敬的院领导：

您好！

我叫×××，女，汉族，现年25岁。2006年毕业于吉林艺术学院动画学院（本科）。我于同年2月由学校推荐并考入中兴通讯公司任职至今。目前在中兴通讯成都研究所任设计总监及GUI（手持设备终端和嵌入式软件的视觉界面）交互设计师。

中兴通讯公司是与华为齐名的知名企业。我一到公司就受到领导的赏识，把我安排在成都研究所消费电子开发部，主攻GUI（手持设备终端和嵌入式软件的视觉界面）设计开发。由于业务熟悉，工作勤奋，任劳任怨，在实习3个月后破格转正。工作期间参与了与中国移动定制的迎奥运手机游戏——拳击、象棋、奥运百宝箱，以及蜀山奇侠下载类游戏设计等。

2006年10月至2007年2月受公司委派，我作为一名技术指导教师到南昌中兴通讯研究所给200多名新老员工进行技术讲课。培训中不但自己得到锻炼，更使我懂得不但自己要会专业技术，更重要是怎样把自己所学传授于人。短短几个月中我独立完成WinCE智能学习机与T2158手机的GUI设计、ID设计。

同年3月回到成都研究所后，先后独立制作WinCE智能终端手机平台A85、大众机型M10，M11，M112的ID设计与GUI设计及游戏设定。这些机型在海外市场得到很好的销售与反响，并且得到国外运营商的一致称赞。

2008年1月至2月研发了909CE高端智能手机、M31音乐手机、M112升级版本，独立完成GUI设计与游戏设计。6月至9月调至深圳总部参与制作中国移动定制S701电视手机、M412儿童机、M431大众中老年人机的ID外观设计与GUI设计及游戏设定。

从大学到工作的实践，对于动画专业知识有了较深入的了解，我的研究方向是手机游戏动画设定与GUI设计，主要研究GUI交互设计与手机动画设计，对于手持设备终端和嵌入式软件的视觉界面有了一定的研究。熟练掌握二维动画技法、运动规律、原画技法等。自认为理论上能清晰表达，技术上能熟练操作。我还利用业余时间进行了三维动画软件的自修，已经基本掌握三维基础的建模、基本工业造型设计与三维基础的动画。

本人目前的研究方向为GUI的交互设计与手机游戏设计。随着中国IT产业、移动通信产业、家电产业的迅猛发展，由个性的衍变而对产品所产生的价值及内涵，将是IT产品个性发展特征。因此它为动画就业者提供了大量的就业方向，如全面的软件界面设计、专业图标设计、手机界面设计、PDA界面设计、MP3界面设计、MP4界面设计、掌上多媒体播放器界面设计、掌上学习机界面设计、网站界面设计、数字电视界面设计、电子显示屏终端界面设计、产品包装设计、宣传册彩页等设计。而手机游戏更注重的是原画设计、动画运动规律、人物、场景的设计，这样对将来转入PC游戏设计起到关键性作用。

由于艺术生英语和数学是个薄弱环节，所以现在正在积极复习英语、政治、数学，准备考研，提高自己的学历水平。

从学校步入社会，是机会更是挑战，三年的工作是理论和实践的升华，在实践中我对动漫专业更加热爱，特别是我在南昌的培训中使我更懂得教书育人的真正含义。通过综合考虑我愿改行从事教育，并自荐到贵校从事动漫专业教师工作。愿用自己的努力与汗水为贵校的建设与发展奉献绵薄之力！

感谢您在百忙之中看我的材料，静候回音！

此致

敬礼！

自荐人：×××

个人简历						
姓名	×××	性别	女	民族	汉族	
出生年月	1983年10月	工作经验	3年	联系电话	1590813×××	
学历	本科	专业	动漫	毕业学校	吉林艺术学院	
住址	四川成都					
电子信箱	liu.x×××@ztenc.com.cn					
联系方式	QQ：3123456					

<table>
<tr><td colspan="2">技能专长</td></tr>
<tr><td colspan="2">1.熟练使用 Photoshop、Illustrator、Coreldraw、After Effects 、Premiere、RETAS 等绘图及影视制作软件。
2. 扎实的美术功底与色彩感，丰富的想象力和原创力。
3. 擅长平面设计、动画设计。
4. 对审美有自己独特的见解与认识。
5. 善于与团队进行良好的沟通与合作。</td></tr>
<tr><td colspan="2">主修课程</td></tr>
<tr><td colspan="2">素描，色彩，速写
动画运动规律，动画技法
人物设定
原动画技法，场景设计，短片创作</td></tr>
<tr><td colspan="2">熟悉软件</td></tr>
<tr><td colspan="2">熟练使用 Photoshop，Illustrator，Coreldraw，After Effects，Premiere，RETAS 等绘图影视制作软件与后期合成软件</td></tr>
<tr><td colspan="2">工作经历</td></tr>
<tr><td>2006/2—至今</td><td>公司名称：中兴通讯
工作种类：GUI 设计，手机游戏设计
工作描述：
2006 年 2 月进入中兴软件。
1. 开始制作手机游戏——拳击，象棋，奥运百宝箱等一些手机游戏。在游戏团队中当任人物设定，原画和场景设计。
2. 从 2006 年 9 月开始，由于中兴领导的市场决策，从手机游戏转做工业外观设计。参与设计了公司的第一款 WinCE 智能学习机的工业外观设计。也就是后来的 T2158 状元堂学习手机。并且包括学习机和 T2158 的所有的界面和图标设计，以及学习机和 T2158 里的小游戏。
3. 007 年 3 月开始自主研发 WinCE 智能高端手机 A85。再次承担 A85 的全部 GUI 设计。也再次参与手机的 ID 外观设计。
4. 2007 年 6 月开始，再次独立制作设计公司的大众机型 M10 手机的 GUI 设计以及手机游戏的制作。
5. 2007 年 8 月开始，公司的 M11 手机开始启动。这次开始独立的制作 M11 的 ID 外观设计，并且获得客户的认同，以及 M11 的整个 GUI 设计。
6. 同年 10 月开始 M12 在市场销售极好的情况下公司开始制作 MII 的升级版本 M112。本人再次负责整体的 GUI 和手机游戏的设定与制作。目前 M11 和 M112 在国外销售极好。国外运营商也十分看好。
7. 2008 年开始，公司全面转向了与中国移动的合作。制作中国移动的定制机。M412 儿童机。所有的 GUI 设计和游戏设定。M431 的老人机 GUI 和游戏制作。包括中国移动现在的定制图标都由我们设计完成。</td></tr>
<tr><td colspan="2">研究方向</td></tr>
<tr><td colspan="2">GUI 的交互设计
手机游戏设计</td></tr>
</table>

自我概述
丰富的阅历丰富了年轻的我：开朗的性格，扎实的专业基础，强烈的上进心和求知欲，良好的动手能力，较高的艺术修养；语言表达能力强并善于与人沟通交流，强烈的集体荣誉感和敬业精神；具有较强的创新精神。
获奖情况
在2002—2003、2004—2005学年度两次荣获“干部工作突出奖” 在2003—2004、2005—2006学年度因表现突出两次被评为“优秀团干” 在2005—2006学年被评为“三好学生”称号 在2006年参加中国移动首届原创手机动漫大赛优秀奖
竞聘单位感慨
走进×××，层层叠叠的名花古树，捧书而行的学子身影，才思敏捷的思想交锋随处可见可闻。背靠苍茫巍峨的黄瓜山，前依波光潋滟的卫星湖。智者乐山，仁者乐水。这里钟灵毓秀，人杰地灵。大理石校训“××××”，隽永深邃，令人顿受感染，灰色系建筑色调与自然环境和谐一体；学位帽造型的灯饰，“文理”声母“WL”造型的廊桥；简朴而富有蕴意的艺术符号，雕塑成围墙，与校园小景，勤学身影，时空交错，纵横结合，象征着追求教育进步的神圣而责无旁贷的使命；以二十四节气命名的道路、独具匠心的方位辨识与传统节令有机交融，“寒、热、凉、温”的区分使人联想到“辛、甘、酸、苦”人生味道；节气更替提醒莘莘学子珍惜大好求学时光。亭廊、湖泊、楼宇馆所的命名引经据典，不仅丰富了文化象征意义，还营造了一种氛围，让人流连忘返，潜移默化中受到启发。 冰心曾说：“成功的花，人们只惊慕它现时的明艳，然而当初的芽儿浸透了奋斗的泪水，洒遍了牺牲的血雨。”如果我能来到贵校从事教育工作，我愿用自己的努力与汗水为贵校的建设与发展奉献绵薄之力，用自己的知识去教书育人，与文理同发展共进步。既然选择了这个职业，我就会无怨无悔，去追求属于自己的灿烂的人生。追风赶月向未来，春华秋实在文理。站在新起点上，继往开来的××××明天一定会更加灿烂辉煌！

二、附各种参考简历模板

1．专业简历一

个人简历				
姓名	×××	性别	男	
出生年月	1988.10.25	户籍	安徽、巢湖	
学历	大专	毕业院校	安徽财贸职业学院	
专业	软件技术	移动电话	13739211111	
联系地址	安徽财贸职业学院	电子邮件	Weidcp@163.com	
政治面貌	中共预备党员	婚姻状况	未婚	
【求职意向】				

<table>
<tr><td>工作性质</td><td>全职</td><td>目标职能</td><td>.net 程序员</td></tr>
<tr><td colspan="4">【教育背景】</td></tr>
<tr><td>2007/9—2009/12</td><td>安徽财贸职业学院</td><td colspan="2">软件技术</td></tr>
<tr><td colspan="4">【主修课程 /IT 技能】</td></tr>
<tr><td>技能名称</td><td>使用时间</td><td colspan="2">熟练程度</td></tr>
<tr><td>SQL Server</td><td>24 个月</td><td colspan="2">熟练</td></tr>
<tr><td>Windows develop.NET</td><td>18 个月</td><td colspan="2">熟练</td></tr>
<tr><td>Windows develop C#</td><td>18 个月</td><td colspan="2">熟练</td></tr>
<tr><td>Windows develop Java</td><td>18 个月</td><td colspan="2">熟练</td></tr>
<tr><td>Dreamweaver</td><td>18 个月</td><td colspan="2">良好</td></tr>
<tr><td>HTML</td><td>18 个月</td><td colspan="2">良好</td></tr>
<tr><td>Visio</td><td>6 个月</td><td colspan="2">一般</td></tr>
<tr><td>Flash</td><td>6 个月</td><td colspan="2">一般</td></tr>
<tr><td colspan="4">【获证情况】</td></tr>
<tr><td colspan="4">安徽财贸职业学院毕业证书</td></tr>
<tr><td colspan="4">2010 年安徽省高校优秀毕业生</td></tr>
<tr><td colspan="4">2008—2009 年度安徽财贸职业学院“国家励志奖学金”“二等奖学金”“三好学生”“三号学生标兵”“优秀学生干部”</td></tr>
<tr><td colspan="4">2007—2008 年度安徽财贸职业学院“优秀团员”“单项积极分子”</td></tr>
<tr><td colspan="4">北大青鸟 APTECH“初级程序员、程序员、软件工程师”资格证书</td></tr>
<tr><td colspan="4">国家劳动和社会保障部的“计算机操作员”资格证书</td></tr>
<tr><td colspan="4">【自我评价】</td></tr>
<tr><td colspan="4">1. 我个人热爱软件事业，对 IT 领域的软件开发和设计工作有浓厚的兴趣，能承受较大的工作压力。
2. 具有很强的团队精神，有良好的组织、协调和沟通能力，有强烈的集体荣誉感。
3. 自学能力强，喜欢钻研新技术，敢于面对和克服困难。
4. 有比较强的动手能力，勇于面对困难和挑战，有很好的分析问题与解决问题的能力。
5. 工作认真负责，积极上进，能够吃苦耐劳，有良好的职业素质。</td></tr>
</table>

【项目经验】	
在线考试系统	
开发周期	2009/09—2009/11
软件环境	Windows XP，PC 机
开发工具	Visual Studio 2008， SQL Server 2005，Dreamweaver，Visio
项目描述	安徽财贸职业学院在线考试系统是使用计算机来代替人工完成考试中需要完成的一系列任务，达到考试智能化。系统实现了如下功能： 1．根据不同角色登录和验证。 2．考生信息管理。 3．试题库管理：对各题型的管理，试题的录入、查询、编辑、删除等。其中对试题的管理需要根据命题人对其管理，这里涉及权限；试题的查询可以根据多条件和单个条件等查询；删除试题功能可以实现批量删除和单个删除等。 4．试卷管理。 5．在线考试。 6．自动阅卷。 7．综合查阅。 8．公告管理：考试公告主要是为考试中一些基本信息提供了信息发布和管理的平台。
项目技术	项目基于 .NET 平台，B/S 模式开发。采用 Asp.net，IIS，Ajax， xml，treeview 等技术，同时系统采用 3 层架构设计：表示层、业务逻辑层、数据访问层。外加公共类和实体类。 1．表示层离用户最近，用于显示数据和接受用户输入的数据，为用户提供一种交互式操作界面，使用了母版页技术，使用 AJAX 技术实现无刷新提交。 2．业务逻辑层是表示层和数据访问层之间的一座桥梁，具体如下： （1）根据业务规则对数据进行加工和处理。 （2）与相邻的表示层和数据访问层进行数据交换。 3. 数据访问层主要实现对数据的保存和读取操作，数据访问，可以访问关系数据库、文本文件或是 xml 文档等。
责任描述	1．担任小组项目经理领导项目的全过程，编写项目文档。 2．负责模块的设计、系统功能的设计、数据库设计、任务分配、进度控制、代码整合以及部分功能实现。
【综合技能】	
职业技能	.NET 方面： 1．熟练使用三层架构下的编程开发，在已经参加开发的项目多次使用到 MVC 模式、抽象工厂模式等多种设计模式。 2．熟练使用缓存技术，提高性能。 3．熟练使用基于 Web 的性能测试，提高性能和程序稳定性。 4．熟练使用 VS 2005/VS2008 等开发工具。 5．熟练使用 Ajax，熟悉相关技术 xml，javascript， xmlHttpRequest，treeview. 能用 ajax 实现 MVC 框架，以及自定义实现 ajax 框架。 6．熟练掌握 sql2005 数据库的操作，能熟练使用 sql2005 进行系统开发。

2. 专业简历二

个人简历

姓名	××	性别	男	
出生年月	××××××	户籍	××××	
学历	本科	毕业院校	××× 长沙理工大学	
工作时间	一年半	专业	计算机科学与技术	
健康状况	良好	移动电话	××××××	
联系地址	北京	电子邮件		

【自我评价】

1. 本人热爱软件事业，对 IT 领域的软件开发和设计工作有浓厚的兴趣，能承受较大的工作压力。
2. 具有很强的团队精神，有良好的组织、协调和沟通能力，有强烈的集体荣誉感。
3. 自学能力强，喜欢钻研新技术，敢于面对和克服困难。
4. 有比较强的动手能力，勇于面对困难和挑战，有很好的分析问题与解决问题的能力。
5. 工作认真负责，积极上进，能够吃苦耐劳，有良好的职业素质。

【求职意向】

工作性质	全职	目标地点	北京
目标职能	JAVA 软件工程师	薪酬待遇	面议

【教育背景】

2001/8—2005/6	××× 理工大学	计算机科学与技术

【获证情况】

××××理工大学毕业证书

国家劳动和社会保障部的“软件工程师”资格证书

【工作经验】

2005/7—2006/12	公司名称：长沙 ××× 有限公司 职位：JAVA 软件工程师

【项目经验】

湖南 XXXX 有限公司综合管理系统

开发周期	2006/5—2006/10
软件环境	Windows2000 Weblogic Oracle9i
开发工具	Eclipse，CVS，Dreamweaver，PowerDesigner，Visio，Rational Rose

项目描述	湖南××××股份有限公司综合管理系统是把整个公司规范化，详细地描述了公司的详细信息以及员工的工作流程。系统实现了如下功能： 1．公文管理：公文管理主要实现文件、信息的流转、审批、催办督办等功能，并对文件、信息处理情况提供了简单易用的实时监控机制，方便领导及时掌握工作人员的工作情况。 2．文档管理：实现公文归档的自动化，实现规范、灵活的包括著录标引、整理、保管、统计在内的档案管理工作；针对复杂的分类和查阅权限，实现合理存取，管理的功能。 3．人事管理：人事管理功能主要包括：员工资料管理，员工薪资管理，员工考勤管理，员工权限管理，部门机构管理等人事管理的所有功能。 4．公共信息管理：相关新闻、文档、员工论坛、资料下载等功能。 5．日程任务管理：可以为用户提供日常工作中的约见、会议、工作任务等日程事务的记录和提醒功能。 6．邮件管理：邮件管理主要功能是发送与接受内部邮件，发送与接受外部邮件。 7．会议管理：会议以及会议室的安排，及时公布会议通知。 8．系统管理：系统管理员对数据库和用户进行管理，如设置用户、分配权限、职能、人员信息表、统计重要数据等。 9．公告管理：部门公告主要是为用户单位的内部部门提供了信息发布和管理的平台，用于发布机构内部的消息通知、情报通知、公告、规章制度、员工守则、工作安排等信息，供企业或单位内部所有人员进行查阅和学习。
项目技术	项目基于J2EE平台，B/S模式开发。采用Struts、Hibernate、Spring、Ajax、xml等技术，同时系统采用7层架构设计：Web层、控制转发层、DTO层、服务层、DAO层、持久化层和数据库层。 1. 系统大量采用抽象工厂模式、装饰者模式、代理模式、门面模式等设计模式，并把spring的AOP思想合理地使用在日志处理和系统异常处理，使用Dom4j进行xml解析，使用Log4j实现日志管理。 2．Web层使用Struts框架，配合使用JSTL元素，使用AJAX技术实现无刷新提交。 3．控制转发层扩展Struts框架的Action设计理念，同时使用Spring来管理所有的Action，使用Spring的核心技术IOC可以很好地控制Action的生命周期以及各种服务的注入关系。 4．DTO层设计中DTO、VO、POJO的相互拷贝通过BeanUtils包来实现，解决数据传输过程中各层之间数据耦合紧密的问题，从而能更大程度地实现编程思想中各模块或层之间松散耦合的目标。 5．服务层沿用代理设计模式来实现，系统的服务层以下随时可以更换，甚至可以考虑用EJB来做业务逻辑实现，同时通过Spring的托管机制可以和DAO层无缝耦合起来。 6．DAO层使用抽象工厂模式和外观模式，同时使用Spring提供的Hibernate模板和Hibernate API访问持久层，这样可以进一步解耦，在系统查询模块处大量使用正则表达式进行查询操作。 7. 持久层使用轻量级框架技术Hibernate来实现ORM处理，同时使用Spring容器来管理持久层，通过Spring提供的HibernateTemplate和Hiberante API可以很好地解决代码的重复冗余问题。
责任描述	参与系统部分需求的分析和部分文档的编写，以及系统管理和文档管理代码的编写。
XXXX工厂用料管理及库存预警系统	
开发周期	2005/11—2006/4

软件环境	Windows2000 Tomcat Oracle8i
开发工具	JBuilder，CVS，Dreamweaver，PowerDesigner，Visio，Rational Rose
项目描述	XXXX 工厂用料管理及库存预警系统实现了对南方摩托 331 工厂的用料的入库，出库的管理，以及入库和出库量超出了限制，及时发短信给管理人员采取一定的措施进行详细的处理。 **主要功能模块：** 1．项目大致分为指标设置、规则设置、预警生成、预警派单、预警报告、预警查询、预警流程、用料信息管理、用料及库存查询统计、用料入库出库流程、字典管理、系统管理等模块。 2．提供用料的入库出库的基本流程管理查询。 3．通过设置库存中某项用料的匮乏值来生成预警。 4．提供用料基本情况和流程的报表生成、查询以及导入导出功能。 5．提供解决预警的基本流程管理。 6．支持用料及库存的字典设置。 7．提供系统后台的权限以及系统设置功能。
项目技术	1．系统分为表现层、控制层、逻辑层、DAO 层和最终数据库五层架构。 2．系统中大量采用了代理模式、门面模式、模板模式等经典设计模式。 3．系统通过 POI 实现 EXCEL 导入导出功能、通过 osworkflow 实现工作流平台、Quartz 调度作业计划、log4j 记录系统日值等。 4. 系统大量采用了 AJAX 来开发前台，jdbc 来实现后台报表以节省性能。
责任描述	负责字典管理、系统管理这两个模块的代码实现、AJAX 前台开发。
XXX 网上购物平台	
开发周期	2005/7—2005/10
软件环境	Windows2000 Tomcat Microsoft SQLServer2000
开发工具	Eclipse，CVS，Dreamweaver，PowerDesigner，Visio
项目描述	该项目主要为天天商城提供了一套网上购物平台。为了顺应电子商务模式的兴起，构建一个网上选择商品与购买商品的中心平台，将互联网应用层的各种增值应用汇接到本平台上来，依托本平台实现了网上购物与网上支付等多项功能。 **主要功能模块：** 1．天天管理模块：用户管理，权限管理，角色管理。 2．商品浏览模块：最新商品发布，商品价格查看，商品详细信息管理。 3．购物模块：模拟真实购物场景实现网上购物功能。 4．商品管理模块：实现了商品的入库，商品删除，商品修改等功能。 5．商品递送模块：通过邮寄，EMS，专人快递等方式实现了网上支付，网下交易从而保证在网上订购的商品能够及时交付给客户。 6．会员留言模块：客户对商品的反馈信息，以及客户要求订购的新商品信息。 7．商品销售统计模块：对网上交易的商品进行统计，对统计结果进行分析，根据结果采取相关措施对网上商品进行适当的调整。

项目技术	系统是B/S模式实现，WEB层使用jsp技术，控制转发层使用自定义的Servlet来控制整个系统的业务逻辑流程，业务逻辑层使用轻量级的Java Bean，通过JDBC操作数据库。
责任描述	协助数据库的设计，天天管理模块，商品浏览模块。
【综合技能】	
职业技能	1．熟练使用jsp、servlet、jstl、jdbc下的编程开发，在已经参加开发的项目多次使用到DAO模式、DTO模式、抽象工厂模式、单例模式、装饰者模式、外观模式等多种设计模式。 2．熟练使用Struts，Jsf框架技术，能熟练与其他轻量级框架（hibernate，spring）进行组合开发。 3．熟练使用Hibernate框架，对其ORM实现原理有较深刻的理解，能够熟练运用Hibernate技术进行持久层的开发，并能够根据Hibernate技术对系统进行适度的优化从而达到最好的运行效率。 4．熟练使用Eclipse，JBuilder2005等IDE开发工具，熟练掌握Tomcat，Weblogic等Web容器以及J2ee容器的配置以及部署，能够使用Junit进行单元测试。 5．熟练使用Ajax，熟悉dwr框架其相关技术xml，javascript，DHTML，json，xmlHttpRequest. 能用ajax实现MVC框架，以及自定义实现ajax框架。 6．熟练掌握oracle数据库的操作，能熟练使用sql2000和mysql进行系统开发。能使用PowerDesigner进行数据库建模和开发。 7．熟悉Spring的依赖注入机制，能够熟练运用Spring进行多层体系架构的设计，理解Spring的AOP设计思想，并能通过Spring进行Web系统的声明式事务管理，并能通过spring管理Struts和Hibernate进行Web开发。 8．熟悉EJB三大组件（会话bean，实体bean，消息驱动bean），熟悉EJB3.0规范。

第六章　职场礼仪

职场礼仪是在人际交往中，以一定的、约定俗成的程序、方式来表现的律己、敬人的过程，涉及穿着、交往、沟通、情商等内容。从个人修养的角度来看，礼仪可以说是一个人内在修养和素质的外在表现；从交际的角度来看，礼仪可以说是人际交往中适用的一种艺术，一种交际方式或交际方法，是人际交往中约定俗成的示人以尊重、友好的习惯做法；从传播的角度来看，礼仪可以说是在人际交往中进行相互沟通的技巧。

中国是礼仪之邦，最讲规则和仪式，早在周朝就形成了天下大同与和而不同的思想。礼仪也是调节人与人之间交往的润滑剂，有了礼仪，沟通顺畅。作为即将走出校门的大学生应该掌握一些基本的社会礼仪，特别是职场求职礼仪和交际规则，有助于我们顺利进入职场，有助于给面试官留下良好第一印象。有了礼仪，别人才会称赞我们懂规矩，才能在待人接物和为人处事中有自己的良好形态，才能成为一个新时代的大学生。

一、礼仪基本概念

中国作为一个具有悠久文化的文明古国，素有“礼仪之邦”的美称。“礼仪”一词，很早就被作为典章制度和道德教化使用。礼仪文化作为中国传统文化的一个重要组成部分，对中国社会历史发展有着广泛而深远的影响。所谓礼仪，从广义上讲，指的是一个时代的典章制度；从狭义上讲，指的是人们在社会交往中由于受历史传统、风俗习惯、宗教信仰、时代潮流等因素的影响而形成的，既为人们所认同，又为人们所遵守，以建立和谐关系为目的的各种符合礼的精神、要求的行为准则或规范的总和。跟礼相关的有礼节、礼貌等常用的词语。礼仪是对礼节、仪式的统称。礼节是指在交际交往场合中用于表示尊重、友好的形式。礼貌是在一般人际交流交往中所表现出来的谦虚和恭敬以及敬畏之心，是一种由内往外的过程。简而言之，礼就是尊重（规则），仪就是表达尊重的形式。

礼仪在内容上主要通过礼仪主体、客体、媒体、环境等方面进行反映。主体主要是礼仪的实施对象和操作对象，既可以是个人也可以是组织群体。客体，当然是对象，具体的指向者和承受者，既可以是人也可以是物，可以是物质的也可以是精神的。媒体，主要是指媒介，即载体，达到形式和内容的有机统一。环境，即场合。

礼仪在现代社会中是一个人综合素质的反映，特别是个人道德修养的集中体现。因此，一定要加强礼仪知识学习，从内心的认可到外在的表现都要集中反映。

据有关专家研究表明：人际交往中，第一印象是非常重要的，而第一印象中的 55% 来自哪里？来自你的发型、衣着、饰品、仪态、礼貌礼节等在内的外表形象和内在素养。

二、礼仪的作用

1. 有助于提高人们的自身修养

礼仪是一种高尚而美好的行为，它教人取义、向善、向美，通过评价、劝阻、示范等教育形式纠正人们不良的行为习惯，倡导人们按礼仪规范的要求去协调人际关系，维护社会正常生活。人们按照礼仪规范行事的过程中心灵得到净化、情操得到陶冶，缺点得到匡正，从而使自身修养得以提高。

2. 调节人际关系

礼仪是人际交往的钥匙，是联络人们感情的纽带、沟通人际关系的桥梁，它对营造一个平等、团结、友爱、互助的新型人际关系环境发挥着不可小觑的作用。只有讲究礼仪，共同用礼仪来规范彼此的交际活动，才能更好地表达对对方的尊重之情，增进相互间的了解和友谊，进而形成和谐、良好的人际关系。

3. 净化社会风气，促进社会和谐

在社会生活中，礼仪是润滑剂和冷凝剂，使社会中的摩擦和冲突降到最低点；同时礼仪还是一种和谐理念的外化，我们遵守并应用礼仪的同时就是在营造一种和谐的氛围，这种氛围使每一个生活在其中的人都能得到精神的洗礼，从

而有助于净化社会风气，提升个人乃至社会的精神品位，促进整个社会的和谐发展。

三、礼仪分类

根据礼仪内容要素的区分，可以将礼仪分成政务礼仪、商务礼仪、服务礼仪、社交礼仪、国际礼仪等类别。

政务礼仪。即公务员礼仪，指公务员在执行国家公务时应当遵守的礼仪规范。

商务礼仪。主要是指公司、企业的从业人员以及其他一切从事经济活动的人士，在经济往来中应当遵守的礼仪。

服务礼仪。各行各业的从业人员在自己的工作岗位上应当遵守的职业规范和交往礼仪。

社交礼仪。也叫交往礼仪，一般性日常交际应酬之中应当遵守的规则和形式。

国际礼仪。也叫涉外礼仪，在国际交往中同外国人打交道时应当遵守的礼仪和规范。

礼仪是综合反映，求职礼仪应该属于以上社交礼仪的一种。求职礼仪是求职者在求职应聘时必须熟悉掌握的交际规则。

职场礼仪是职业化的标志，好的礼仪给自己信心、给客户信任、是职业发展的基础。

职场礼仪是打开人际关系的钥匙，是个人素质的体现、公司素质的体现、尊重别人的体现、赢得尊重的法宝。

四、仪表仪容

礼仪是形式和内容的有机统一，形式却是十分重要的。例如，一个人的仪表仪容也是礼仪的一部分，很难想象在现代生活中一个不注重自己形象的人会在社会交往中给别人留下深刻的印象。恰恰相反，一个人不仅要有内在的素养，还要注重自己形象和仪表仪容，才能给别人留下深刻的印象。因此，加强仪表仪容的学习和了解变得十分重要。

（一）仪表

人的外部轮廓、容貌、表情举止、服饰等给我们的总体印象和感觉，也即人的外观形象。仪表呈现给我们的有两个方面：一是静态的，如年龄、身高、体型、性别等。二是动态的，如人的行为举止和语言表情等，即言行举止神态等。

1. 仪表的要求

整洁。一个人的穿戴整齐而洁净，特别是脸面一定要干净。

自然。看起来不是刻意打扮的，要舒心自然清爽。

互动。所谓互动指的是自己的打扮和美丽形象要能够被别人接受和认可，而不是被别人看起来不舒服。

2. 仪表的要点

一是要注意容貌的修饰和适当的化妆。我们经常说，女大学生一定要学会化装，适当的淡妆给人一种美的享受和对人的尊敬，从而树立自己的良好形象。二要注意言行举止，特别要注意表情。谈吐显示了一个人的文化修养和个人教养。你说什么话，就是什么人，你是什么人就会用什么样的世界观看人，你看到的世界就是什么样的，包括你看到的人。因此大学生在举手投足、言谈举止和一颦一笑间应有一个基本的规范和度，以真实自然为宜，不宜刻意做作。

（二）仪容

仪容主要指的是脸部，即人的容貌，在社会交往中应注意到以下几个方面：

1. 发型

头发比较容易引起别人注意，也会使人产生不同的印象，因此头发和发型是很重要的。对头发的基本要求是干净而整洁，其实就是要做到不染浅色、多色、条纹等怪异头发。头发的长短要适当。概况而言就是整洁、规范、长度适中、款式适合。

2. 面部

面部是最易被人注意的部位，一般看人就是首先看面部。因此面部很重要，对面部的最基本的要求是清洁。男士们不应让自己胡子拉碴；女士面部化妆不宜过分浓艳，头发的长短要适当。不管是男士还是女士，对于面部都有几点要求：无疮破，干净，不能有多余的毛发。

3. 口部

口腔以及嘴巴都要注意到，在交流谈话中要做到无异味、无异物、无异响，否则让人感觉不雅观，甚至让人失去交谈兴趣。对葱姜蒜等刺激性菜品过敏者要特别注意，一般不要吃，若吃了出门前要检查一下是否还存在异味，可以适当喷一些爽口水。

4. 服饰

佛靠金装，人靠衣装；三分长相七分打扮。这些俗语说明了穿衣打扮对一个人的重要性。穿着打扮更体现出一个人的教养和口味。因为服饰是社会生活中自我定位的手段；服饰反映出一个人的职业、年龄、地位；服饰反映着一个人的修养、性格、情绪。服饰搭配有三色原则与三一定律的说法，三色就是全身穿衣打扮的颜色不能超过三种，否则感觉太跳和太乱；“三一定律”指的是穿西服套装时，鞋子、腰带、公文包应为同一颜色。正规场合，男性一定要穿西服套装，而且西服上衣左袖袖口上的商标应拆下，上衣的口袋里不要放置任何东西。“三色原则”和“三一定律”是穿西服套装最重要的规则。当然现在很多学生都不穿西装，也不带公文包，取而代之的是双肩包和其他流行款式的包具。不管怎样，穿衣服始终体现一个人的精神面貌和精气神，在求职着装时一定要遵循四大原则：符合身份、扬长避短、遵守惯例、区分场合。

5. 化妆

对于女生而言，适当的淡妆是合适的。淡淡的妆扮对别人来说是一种尊重和礼貌，对自己来说是一种修饰，有利于提高精气神，增加良好形象，从而为自己增加信心。对男士而言，适当地整理头发和保持面部干净整洁，看起来精神就可以了，不宜像女生一样去精心打扮。化妆主要涉及美容、美发、护肤、增香等方面。很多大学生对化妆还不太清楚有哪些要素，这里简单罗列一些，供参考：

美容：唇彩、指甲油、胭脂、睫毛膏、腮红。

美发：洗、剪、理、吹、梳、烫、染、造型等。

护肤：养颜、除皱、祛斑、防晒、美白（脂、粉、油、水、蜜、膏）。

去味增香：香水、爽口液。

基本要求是做到协调自然和恰到好处，化妆的目的是对面部进行点缀和装扮，而不是看起来不舒服和不自然。

五、举止礼仪

举止是指人的动作和表情，也可以叫行为举止。在日常生活中，人的一抬手一投足，一颦一笑，都可概括为举止，也泛指一个行为人在特定场合的各种活动中较稳定的礼仪行为。对于男性的举止礼仪要求是男性应有“阳刚之美”，但“刚”不等于“野”，“刚”不等于冒失。对于女性举止礼仪要求是，女性举止应有“优雅之美”，仪态大方，但不可轻佻。

（一）站姿

“立如松”，像青松一般端直挺拔。男子站立的要领：挺胸、收腹、梗颈。女子站立的要领：上半身挺直，肩膀要平，收腹，不翘臀部。

（二）坐姿

“坐如钟”，给人端正稳重之感。上半身挺直，下巴内收，脖子挺直，两肩放松，胸部挺起，背部和臀部呈一直角，双膝并拢，双手自然地放在双膝上，或放在椅子扶手上谈话时可以侧坐，上体与腿同时转向一侧，正面对坐会有压迫感，应稍偏斜，轻松自然。

（三）走姿

“行如风”，行走时如风行水上，轻快自然，脚尖向着正前方，脚跟先落地，脚掌紧跟落地，膝盖和脚踝富于弹性，肩膀、手臂自然摆动，走在一定的韵律（步韵）中，给人矫健轻快、从容不迫的动态美，步态的美与否，主要由步度和步位决定。走姿要领：轻而稳，胸要挺，头抬起，两眼平视，步度和步位合乎标准。

（四）不良举止

你是否有以下这些不良的姿势？搔头皮、掏耳朵、抠鼻子、咬指甲、手指在桌上乱写乱画、双手抱头、摆弄手指、手插口袋、开会时手机未处于静音状态、讲话声音影响他人、随地吐痰、随手乱扔垃圾、坐下来时抖腿等。

（五）应聘举止礼仪

现代人不管是商务活动，还是私人活动，都应该事先预约，让预约成为一种习惯和品德。因此，第一步是预约和在通知的时间内到达指定地点等候，守时是求职应聘者第一应该遵守的规则。到达预地点后，按照以下要求进行。

首先是敲门。应将右手握成半拳状，用中指轻轻敲门，得到对方许可后方可进入；或者是当被叫到名字时，以爽朗的声音应答再重复前面的程序。

其次进门时要打招呼。走进办公室时，应抬头、挺胸、面带微笑，目光注视考官，不瞻前顾后，不左顾右盼。男士步伐矫健、端庄、自然、大方，给人以沉着、稳重、勇敢、无畏的印象；女士步伐轻盈、敏捷，给人以轻巧、欢悦、柔和之感。走到考官面前，应亲切地道一声“您好”，若主考官站起来与你握手，你则热情地把手伸过去与之相握。然后站直身子，精神饱满，面带微笑，挺胸收腹，两脚并齐，双臂自然下垂或交叉于体前，两腿靠拢，像松树一样伟岸挺拔，男士显得刚毅洒脱、舒展大方，女士显得婷立端庄、秀丽俊美。

再次是落座。当主考官示意坐下时，方可坐下，不可一进来就一屁股就坐下了。就坐后，可适当调整坐姿，坐姿对一个人的心理影响很大，若是直背靠椅，那是比较理想的，应轻轻坐下，上身正直，微向前倾，目光注视主考官的眼部和脸部以示尊重，双手放在扶手上或交叉于腹前，双腿自然变曲并拢，双脚平落地面。若是软绵绵的沙发靠椅，也尽量控制自己，不要陷下去，要挺腰坐直，全神贯注地面对考官。不要弓腰屈背，抓耳挠腮，高跷“二郎腿”，女士忌双腿分开。身体各部位都不要抖动，要很稳重地坐在主考官面前，接受他对你的全方位考察。

最后是递交资料。当需要递个人资料时，应站起身双手捧上，表现出大方、谦逊和尊敬。面试结束时，应道声“谢谢”，站起身走到门前，再转身微笑地道一声“再见”，把美好的形象留给考官。

六、交际礼仪

马克思说过：人是社会关系的总和，我们总是要和我们赖以生存的环境和人在一起交流交往的。如果没有交往，我们岂不是脱离社会了。因此，我们每个人特别是即将走出校门的大学生一定要加强交流交往，有了交往就可以增进学习、生存和发展，甚至带来快乐。但在交往过程中遵循一定的原则和技巧，这就是我们要掌握的内容。

（一）称呼

称呼可是社会交往中最重要的第一步，万事开头难，往往有了准确恰当且热情的称呼，后面的交往也就顺利多了。因此，称呼是很重要的。称呼既要做到积极主动，也要做到恰当准确，不然的话给别人留下的第一印象不是很好。

俗话说:“十里不同风，百里不同俗。”每个地方都有特别的称呼和表达方式，但在一般惯用的现代交往中要遵循合乎常规、照顾习惯和入乡随俗。

1. 工作中的称呼

在工作场合一定要体现出庄重、正式和规范性。一般有职务性称呼、职称性称呼、学衔性称呼以及行业性称呼。职务性称呼：部长、经理、书记、主任等，可以直接称呼，也可以加姓，一般不用全名，全名一般用于非常正式场合和书面介绍时。职称性称呼：教授、律师、工程师、教练员、技术员等。学衔性称呼：博士、硕士、学士等，现在的硕士比较普遍，因此一般博士才这么叫。

2. 普通场合的称呼

一般对于成年的男性可以叫先生，女性结婚的可以叫女士或者夫人，未婚的叫小姐。

（二）介绍

在商务活动和社会交往中，最重要的活动之一就是介绍，介绍有自我介绍和介绍他人等几种情况。

1. 自我介绍

自我介绍在现代商务活动中是不可避免的，而且根据场合、时机、事宜不同则应进行不类型和形式的自我介绍。如求职时招聘官叫你做一分钟自我介绍，这个时候则要在短短 60 秒内将自己最基本的情况和最大优势展现出来。有时候一句话就可以完成自我介绍，如多人在一起交流时：大家好，我是 ××× 公司的工程师，我来负责洽谈和撰写贵公司软件开发的需求分析报告。同时注意到：介绍时应把姓、名并提，还可简短说明自己的单位、职务等，内容应简洁明确，以免客户不耐烦；忌自吹自擂，以免客户反感；忌过分随便，以免客户戒备；假如了解对方的一些基本情况，则可以利用一些技巧来赢得客户的注意和好感，迅速打开交谈局面。

2. 介绍他人

介绍他人的情况比较多，如报告会、讲座之前一般都要对主讲人作介绍，这时的介绍要求比较长且能够对报告的情况概括得比较全面且氛围营造感强。同时也有交往中的介绍，如把甲介绍给乙，把乙介绍给丙等。那当领导长者或者不同身份和尊卑的在一起该如何介绍呢？这里有几点要注意：如果是会议场合肯定是依次介绍受尊者，即当场活动中最受尊敬或职务最大者。如果是生活交往中，则按照“尊者优先”原则进行，即把卑位低的介绍给受尊者。

（三）握手

1．操作要领

保持距离，上身略倾，伸右手，拇指分开，四指并拢；眼睛注视对方，用手指稍用力握住对方的手掌；手指微向内曲，掌心凹陷；握手的时间约 3 秒；握力适度；握手力度适中；如果与标准方式有异，便可能有了附加意义。握手遵循“尊者优先”原则。上下级之间：上级伸手后，下级才能伸手相握。长辈与晚辈之间：长辈伸出手后，晚辈才能伸手相握。男女之间：女士伸出手后，男士才能伸手相握。人们应该站着握手，不然两个人都坐着。如果你坐着，有人走来和你握手，你必须站起来。握手的时间约 3 秒。匆匆握一下就松手，是在敷衍；长久地握着不放，又未免让人尴尬。

2．握手的禁忌

勿用左手；勿用脏手；勿戴手套；心不在焉；避免交叉握手；不要拒绝别人的握手。

（四）名片礼仪

1．名片的典型作用

结识新朋友时，递上一枚名片，做自我介绍用；拜访陌生人或长辈时，递上名片作为通报用，类似广告作用，使他人对自己从事的业务有所了解。

2．递送名片礼仪

双手捧交，眼睛应注视对方，面带微笑，并说“请多关照”一类的话，注意将文字正向朝向对方。如张经理，您好！我是重庆文理学院的余老师，负责学生团学和招生就业工作。请问我们可以谈谈吗？这是我的名片，我们交换一下联系方式吧。

3．接收名片礼仪

双手捧接，并道感谢。接过名片后要仔细看一遍，可以有意识地读出对方姓名与职务，以示仰慕。绝不能单手接名片，也不能不看一眼就塞入衣袋，更不能往裤袋里塞。如将他人递上来的名片暂时放在桌子上，不要在它上面乱放其他东西。

（五）通信礼仪

现代社会离不开通信工具，在用通信工具进行交流沟通时也要注重一定的礼仪和规范，工具不过是手段，是形式，而沟通的内容才是最重要的，但要注意礼仪。与我们大学生相关的通讯礼仪主要涉及电话、微信、书信、短信、邮件等几种形式。下面介绍电话、微信、电子邮件等礼仪要求。

1. 电话礼仪

接打电话时的语气、态度、表情、举止以及内容等好坏会影响正常的交流和沟通，甚至破坏自己的形象。因此在接打电话时要注意时间的选择、空间的选择、通话的长度等因素。同时也要做到有重要的电话要列提纲，事先做好准备，内容要简明扼要、清楚明了，在接电话的同时要注意对方的反应，要适可而止，不能一个人讲个不停。接电话时响铃不应超过三声，不要随便让人代你接听电话等。不宜打电话的时间段：用餐时间，早晨 7 点以前、晚上 21 点之后、中午午休时间，公务电话不宜在周末和上班 8 小时之外拨打。

2. 短信微信

短信已逐渐淡出人们的交流方式中，但仍然在使用。发现有的同学在发短信祝福的时候只有内容，没有称谓和落款。如果给人的感觉是不知这条短信是发给谁的，也不知道是谁发来的，那就没有达到目的。短信，虽短，但也一定要完整，特别是正式的短信一定要做到完整无误。即要有称谓、问候语，主体内容，发送人姓名等，切忌群发和抄袭网络短信，语言谦虚、亲和、委婉。

3. 电子邮件

电子邮件，也是信的另外一种形式，而且有法律作用。因此正式的电子邮件一定不能掉以轻心，随便发送，也要做到像纸质信件一样，完整无误。特别是要注意发送邮箱地址不要写错、发送邮件的主题要有，而且要合理，内容要完整，重要邮件还要附上文件，甚至有阅读回执等。

（六）座次礼仪

座次，即座位的前后和先后顺序。在社会交往中主要有会议座次、饭桌座次、乘车座次等方面。根据大学生社会交往的需要我们重点讲解会议座牌次序和乘车座次序等。

1. 会议座次

正式的会议都会摆放座牌，但这个座牌的摆法是有很多规矩和讲究的。主要根据会议内容和环境而定。如果是一般大会，有主席台的会议座次牌的摆法主要根据主席台的人数而定。是奇数还是偶数，当主席台人数为奇数时，将 1 号嘉宾安排在最中间位置，其他的以 1 号领导为中心，2 号领导在 1 号领导左手位置，3 号领导在 1 号领导右手位置，左右左右排列。如中共中央政治局常委在十六届四中全会的座次排列图（图 6-1）。

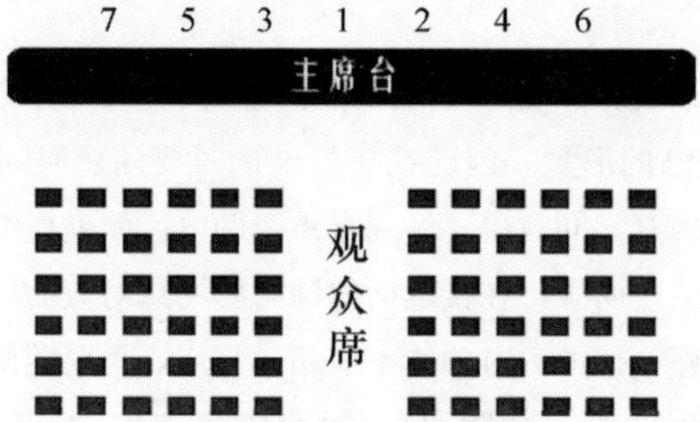

图6-1　主席台嘉宾人数为奇数

如果主席台就坐嘉宾人数为偶数，则先确定中心位置的两位人选，也就是 1 号嘉宾和 2 号嘉宾同时居中，2 号领导依然在 1 号领导左手位置，3 号领导依然在 1 号领导右手位置，然后依次排列（图 6-2）。

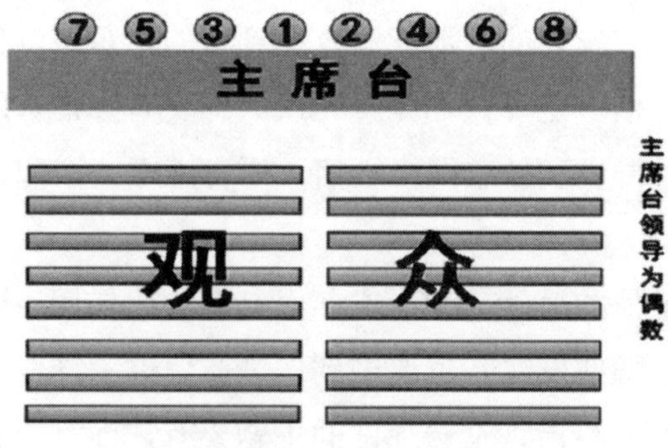

图6-2　主席台嘉宾人数为偶数

如果是交流互访的会议桌，座次牌的摆法略有不同（图 6-3），但主要顺序仍然不变。我们一般都是使用国际惯例，左为大，左高右低，当事人的左和右为基准。

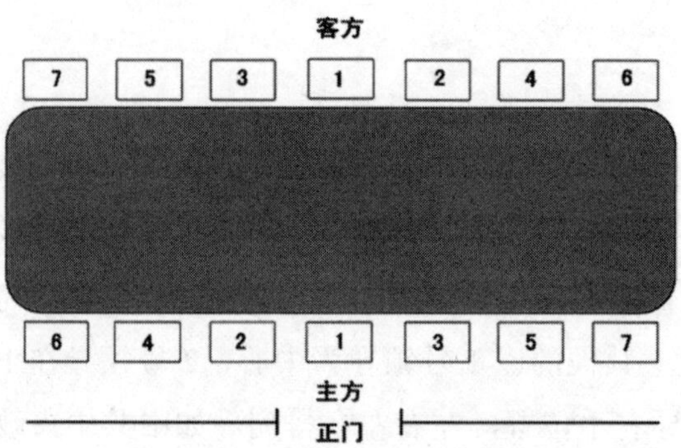

图6-3　交流互访的座次牌

2．乘车礼仪

乘车还有礼仪吗？显然是有的，曾经看到有的同学与领导或老师在一起乘车时，先把自己喜欢的位置坐了。但如果是与自己的领导和客人在一起，也是如此的话，就显得不那么符合礼仪了。因此在商务活动中，乘车时有几个原则——“四个为尊”，即客人为尊、长者为尊、领导为尊、女士为尊，此四类人应为上座；“三个为上”，方便为上、安全为上、尊重为上，以这个原则安排座次，其中“尊重为上”原则最重要。那到底应该怎么坐位置呢？就一般小车而言，正位置是后右一，其次是后左一，再次才是前排司机旁边。但这个位置也不是绝对的，如果在生活中驾驶员本身就是领导，那显然驾驶员旁边的位置是一号嘉宾应该坐的。见图 6-4。

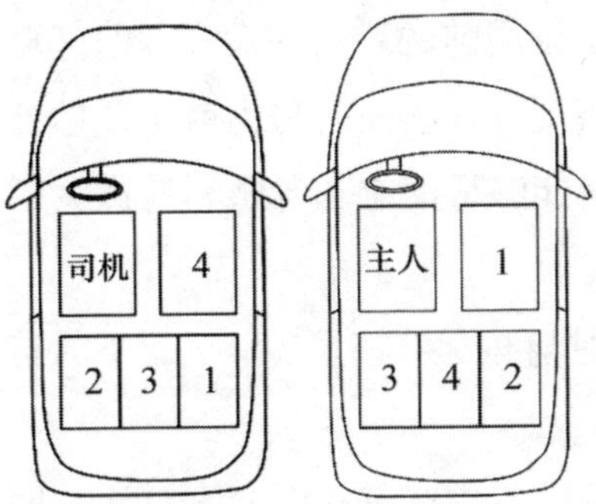

图6-4　乘车座次

礼仪体现个人素养，是职业人的必备技能和要求，学了一定的礼仪知识就要去用，用了才能改变自己。礼仪在外是形象，在内是素养，二合一才是真正的有礼貌有教养。

第七章　面　试

机会是留给有准备的人，幸运绝非偶然。理想的工作和岗位源于机遇，更源于自己多年精心的准备和有目标地勤奋学习及努力奋斗。人有各不同，花有几样红。不同的人具备的能力和擅长的方面是不一样的。在经过了投递简历、笔试等程序之后，最后就进入了录用前的最后一关——面试环节。可见这一关是至关重要的，如果这一关没有表现好，前面的努力就可能白费。因此通过学习和掌握一定的面试知识和技巧，是能够帮助应聘者顺利地过关斩将，直至取得 offer。

一、面试框架模型与内容

面试就是面对面的考试，考试主要以交流对话、展示等为主。主要考核求职者仪表风度、应变能力、交流沟通、价值观、求职动机与心态、工作态度与责任心、基础知识、专业知识与岗位胜任力等方面的内容，如图 7-1 所示。

（一）面试框架

■ why you?	■ why us?
◆ 我有什么企业需要的能力？	◆ 这个企业有什么业务？
◆ 我有什么企业需要的特长？	◆ 他们喜欢什么样的人？企业文化有哪些？
◆ 我有什么性格特征？	◆ 他们的晋升道路是怎么样的？
◆ 为什么是我?而不是别人？	◆ 为什么是这个企业而不是其他企业？
我们为什要选择你？	**你为什要来我们公司？**

图7-1　面试框架图

这个面试框架图很好地说明了求职方与招聘方的实际情况。所谓知己知彼方能百战不殆。我们在求职面试之前一定要做到心中有数，能够尽可能了解对方的情况，若不能的话，至少要对自己的情况比较清楚，知道自己的特长、优点、不足以及最喜欢的岗位等。

（二）面试内容

1．仪表仪容

一个人的仪表和仪容是很重要的。为什么相亲之前也要见面呢？就是要看看男女双方的长相。因为在这个长相里面包含了太多的信息，如身高、体重、外貌、气色、精神面貌、衣着以及言行举止等这些都容易产生喜好和厌恶。人们往往说第一印象很重要，第一印象好了，以后做很多事情都相对容易。但这第一印象往往来自人的仪表和仪容，也就是穿着打扮以及个人风度气质。因此，在整个面试过程中，求职都要做到仪表端庄、穿戴整洁、谈吐优雅、举止得体。

2．交流沟通能力

交流和沟通能力是现代社会中最重要的一项能力，主要包括口头表达能力、聊天交流的能力以及沟通交往的能力。表面上看是一个人的口头表达能力的反映，实际上体现的还是一个人的思维、价值观、道德认知以及事物的判断等方面。

3．反应与应变能力

在面试过程中，面试官有时候会提出一些紧迫和难以回答的问题，或许本身没有正确答案的问题，其目的就是要考核求职者的反应能力和应变能力。这种能力在于应对突发事件时的机智敏捷度和处理是否恰当、妥帖等方面。

4．工作态度

态度决定一切，细节决定成败。不管做什么事情，一个人的态度是至关重要的，只有态度端正了，才可能把事情做好。对工作的态度是影响是否能被录用的关键指标之一，主要包括求职者的工作态度、责任心、上进心、进取心、求职动机、价值观、个人情绪管控等方面的能力。

5．岗位胜力

每一个招聘企业都是要招聘符合岗位需求和公司发展需要的人。因此，在符合公司基本要求的基础之上，更要招聘能够胜任工作岗位的需求者。主要涉及学习能力、专业知识、专业技能、专业实践经验以及个人潜力等方面的内容。

二、面试前的准备

不打无准备之战。每位大学生都要重视任何一场面试，不然就会影响自己的录用结果。在面试之前要做哪些准备呢？主要从以下几个方面去准备。

（一）心理准备

1．保持积极的心理状态

（1）保持充足的信心。

（2）具有竞争的意识。

（3）具有顽强的意志。

2．克服消极的心理状态（三种表现）

（1）**消除恐惧心理**。恐惧对于任何人来说都是有的，只是表现的程度不同，主要有群体恐惧、陌生恐惧和不够自信引起的恐惧。可以用以下办法来消除。

●通过得体的服装和简单的打扮来提高自信心。

●不断地深呼吸能使你增添勇气。

●亲切有神地与对方进行目光交流，消除紧张情绪。

●公开说出自己的紧张，让对方帮你放松。

●发现对方的弱点，减轻心理压力。

（2）**消除自卑心理**。对于一般人而言都会有不够自信的时候，但关键是不能自卑，主要表现形式为自尊心很强，但又缺乏自信心。可以通过以下方法来消除。

以勤补拙：知道自己在某方面有缺陷，就要下功夫去弥补。一个热爱生活的人，就应该用自己辛勤的汗水去换取你所希望的一切。

扬长避短：人的缺陷是可以改变的，关键在于愿不愿意改变。只要下决心，讲究科学的方法，选择适合自己的奋斗目标，自卑的人会逐渐变成自信的人。

（3）**消除怯场心理**。实践证明，在面试时如果心情过分紧张和焦虑，会导致感觉的敏锐性下降，知识、技能的记忆力受阻，注意力集中不起来，从而影响自己原有的状态和能力发挥。因此一定要消除怯场的不利心理因素。正确地看待面试，即使面试失误，但“榜上无名，脚下有路”。面试时略早到场，在场外安静地休息，放松自己。努力形成考前的良好竞技状态，保证必要的运动、休息、文化娱乐时间。掌握正确的应试方法，熟悉不同题型的要求和回答技巧。倘若在面试过程中怯场，最好是转移注意力。

可以尝试盯住对方的眼睛讲话，如果对方回避你的目光，说明你比他更坚强。在陌生人面前，你不了解对方，但对方也不了解你，要充分意识到自己的有利条件，不可妄自菲薄。

（二）仪表仪容

面试的前一天晚上一定要提前睡觉，这样会有一个好的精神面貌和状态。出门前最好是在镜子前照一照，检查一下自己的衣着打扮、穿戴等是否得体、是否干净整洁，是否看起来有精神。

（三）公司基本情况再了解

把公司的基本情况（管理模式、核心文化等）、岗位要求、条件，以及自己的工作思路等再复习一次。公司联系人、地址、门牌号等信息再次核实。睡个好觉，切记不能迟到，提前或准时到达，做好候场准备。

（四）自我情况确认

1. 简历再次确认

检查一下简历是否有针对性，是否拿错，是否有错别字、排版不规范等小错误，是否很好地反映了自己的特长优势等。

2. 证明自己能力

回顾你学习或工作中学到的相关技能和为什么你是报考职位的最佳人选的理由，再看看个人的简历、各种证明。同时再将各种证书原件或复印件准备一份。各种作品处理成易于现场观看或演示的文稿，可以是纸质的和电子版，纸质的一定要清晰可见，电子的一定要能够展示播放，条件允许自己带一个 iPad，便于展示。

（五）自我介绍再熟记

自我介绍很简单，但却不被很多人重视。大多数人都是随意地介绍或者千篇一律，不够新颖。但不管怎样，总体要做到简单、清楚、明了，鲜明、符合招聘方需求才是比较好的自我介绍。作为大学生可以准备**一分钟自我介绍、三分钟自我介绍、五分钟自我介绍等**，一句话或者一分钟自我介绍用的场合最多，如各种会议、面试求职等。这就要求职者能够高度概括和提炼自己的基本信息，使之精炼流畅并与招聘方的要求契合度高。大体思路是：我是谁，来自哪里，会做什么，有哪些经历，有什么成绩，应聘什么岗位，有什么希望等内容。三分钟自我介绍和五分钟自我介绍均是对一分钟自我介绍的延伸和详细介绍。只要有了一分钟的基础和核心内容，便可在此基础上扩充。自我介绍是先拟稿、再修改、背稿。当记在大脑里后，不管碰到什么场合，根据需要随时可以从大脑里提炼出来适当加工一下。

注意：时间 1~3 分钟。

内容：基本情况（我是谁）、擅长（我能做什么）、工作经历等进行高度概括。

技巧：扬长避短，实事求是，自圆其说，与单位的需求相吻合。

方法：书面拟订好之后，背诵一个短的和长的自我介绍，以用于各种场合，最好先演练。

案例：一份参加求职比赛的自我介绍，供参考。

自我介绍

各位面试官你们好，我是来自 ×× 学院 ×× 专业 2020 级一班的 ××××。我应聘的职位是行政专员。

我的籍贯是江西景德镇，不过从小生长在红色革命圣地陕西延安，既有着北方姑娘的大气好爽，也不乏南方姑娘的温婉细腻。我认为从小到大的干部经历无疑是使我向行政方面靠拢的先行条件。我觉得我一定适合这个岗位的理由有三。

1. 熟悉业务，清楚程序。在我担任校学生会办公室负责人的这段时间，我负责整个办公室的日常工作。包括审核校改各二级学院上交的文字材料，进行日常文件的管理，办公室行政事件的处理等。我曾拟写了让老师无从挑剔的对学生会各部门、各二级学院的考评制度，能够熟练运用办公软件进行公文写作，练就了敏捷的思维及深厚文字功底。

2. 经验丰富，学习力强。因为我了解到一个优秀的行政专员不仅要熟悉文字，更要有通过实践活动培养出来的高效执行力。所以也曾认真参与校中秋、迎新等各大型晚会的筹备开展工作，观摩学习过大学生成长教育、关爱女性健康等众多知识讲座、整个学期的 15 次周末文化广场，并与校学生会各部门及二级学院长期进行了良好的沟通交流。培养了较强的交际能力、高效的执行力和团队协作能力。我曾多次担任大型场合主持，如在学院中秋晚会、迎新晚会、元旦晚会、圣诞晚会、2019 年校学生会干部招聘会，以及校级辩论赛上担任过主持人且在活动结束后获荣获“优秀主持人”称号。这些经历使我对各种场合的适应力大大增强，同时口才胆识得到了锻炼。我相信我能很快适应这个职位且用我的才能为贵单位创造财富！

3. 成绩优异，模范带头！大学期间，我通过实践提升自己综合素质的同时，也拥有出色的学习成绩，我在2019年上学期期末以综合成绩全专业年级第七，有幸荣获一等奖奖学金。学年第二学期获二等奖学金。身为团支部书记的我坚持做好模范带头作用，整学期早操上课无任何缺勤、迟到、早退现象。2020第一学期曾在周末教育演讲比赛获得冠军。我成功组织了全年5次班级团组织生活，并带领班级在全年均取得80分以上的活动评分。我追求完美但不苛刻，追求效果但不过度。所以我会在该职位上严格要求自己做出应有的成绩！

人生不好古，象鼎牺樽，变为瓦缶，世道不怜才，凤毛麟角，化为尘灰。我热爱所以我适合！我可以所以我合适！我就是专员。我是×××，我为行政而来。望君惜才。

三、面试中的应对

面试程序一般是，求职者先敲门经同意后进入，眼神交流和语言问候，得到允许后端正坐下，开始交流和面试，结束后要礼貌告别，用好谢谢、再见等之类的礼貌用语。别看这些基本的要求和礼仪，不一定每个大学生都能做好。因此，要掌握几种常见面试形式和应对方法。

最简单的面试就是面试官与求职者相对而坐，一问一答的形式进行。主要是通过相互的交流来了解求职者的基本情况，主要有结构化面试、情景模拟法、行为面试法、压力面试、无领导小组讨论等几种形式。

（一）结构化面试

结构化面试是将命题、结果评定等环节均按事先制定的标准而进行，也称标准化面试。结构化面试的特点是，通过分析得出空缺职位的胜任资格；确定可测量命题，并给出参考答案及评分标准；对所有应试者都提相同类型的问题；考官必须经过专门的挑选和培训；有统一的评分标准和评定量表。一般由多名面试官组成，其中一名是主考官，面试官中有岗位部门的负责人，也有企业人力资源部门的负责人等联合组成，时间一般在20～60分钟。主要考核的能力有基础能力、工作胜任能力以及个性特征三方面。

基础能力：语言表达能力、逻辑思维能力、应变能力、交流沟通能力等。

工作胜任力：专业基础知识、专业技能、专业思维、创新能力、解决工作问题的能力等。

个性特征：仪表仪容、气质、修养谈吐、情绪控制、自我认知、工作态度、心态、积极性等。

结构化面试中常见的问题如下：

（1）一般性问题：

请简单介绍一下你自己？

请评价你自己的优势和不足？

你为什么选择我们公司？

（2）考虑求职者反应能力和逻辑思维能力的问题：

一是综合分析题。主要是考当今政治、经济、重大新闻。例：有人说："在其位谋齐政"，你对这句话如何看待的？

二是协调处理关系题。这种题型主要是考查考生是否具备作为一名公务员在机关中能协调处理好与领导、同事、群众之间的关系等能力。例：领导安排你和张三共同去完成一项任务，明确由你负总责。可张三在具体操作中极不配合你，你该怎么办？

三是计划组织类题。这种题型很重要，同时也是面试题里面的难点，如果初次接触，往往找不着北，答得无条理性。例：领导准备深入某村就社会主义新农村建设现状进行调查研究，你负责具体组织实施，该如何开展工作？

四是突发事件的处理。例：某天陪领导出差，中途车辆故障不能行走，你将如何处理？

五是连词讲故事。这种题型需要注意，必须是讲出一个完整的故事而不只是一句话。例："网络，交通，西部，窗户，阻扰。"故事中出现题中所给的几个关键词，并不要求顺序。适当注意把握篇幅和答题时间即可。

（3）**专业领域内问题**。专业领域内问题一定要提前认真复习和准备，临时抱佛脚肯定是行不通的，主要来源于平时的学习和积累。特别是专业技能，没有长期的积累，不可能在短时间内达到一定的高度和专业性。因此，本领域问题适合于不同专业学生去准备。

（二）电话面试

在网络还未普及之前电话面试比较常见，如 2008 年金融危机时为方便全国大学生寻找工作，中关村就曾启动帮助大学生就业的项目，其中一项就有电话面试。电话面试时间一般在 15 ～ 30 分钟。主要是了解求职者的基本情况、相关专业背景、学习实习经历以及工作岗位胜任力等。有时会提前告知，有时是突然通知。若遇到突然通知，不知如何回答的情况下，则可以告诉对方，因自己手机信息不好，五分钟之后再交流。这样就可以利用这段时间准备一下，化解紧张和仓促带来的尴尬。

（三）小组面试

小组面试就是我们常说的无领导小组讨论面试法。将多个同学划分到一个小组，小组成员就某一个问题在规定的时间内共同讨论和解决。开始前，面试官一般都不会指定小组负责人和角色分配，每个成员处于平等状态，面试官则根据每个人在这一活动中的表现情况进行评估，决定应聘者的性格特征和适合岗位。主要有问题解决型、案例分析型、技能考查型三种类型。

1. 问题解决型的案例

背景：在茫茫冰海上，一艘客船触礁沉没，在沉没前，有七个人登上了救生艇，分别是身体受伤但神志清醒的老船长、成果可促进全人类发展的科学家、患癌症晚期的老人、身怀六甲的孕妇、三个小孩的母亲、对民族有深远影响的诗人、经验丰富的老医生。

问题：这七个人在惊恐中发现，救生艇只能承受三个人的重量，如果不能在二十分钟内决定哪四个人离开，小艇就会沉没，七个人都无法生存，请你们商讨出最合适的 4 人名单，并说明为什么。

2. 无领导小组面试中考查的能力状况

主要考查沟通能力、分析能力、应变能力、团队合作能力、人际影响力以及个人自信心等方面的素质。

沟通能力：主要考核应聘者的语言表达能力，能否清楚、简单明了、准确地表达，在表达过程中能否善于用肢体语言如目光、手势、表情等一起共同协调沟通交流。是否具有主动性，能否主动打破僵局，切入话题，语言是否合理委婉，易于他人接受。同时能否主动保持倾听，能否在不同意见的交流中迅速找到平衡点，最后能否保持愉快地交流和达到交流目的。

分析能力：分析能力是一种眼力，更是一种思维能力，需要求职者一眼能够看到问题的本质和事物的实质，从而能够快速找到解决问题的思路和办法，且视角新颖、切入点合理。

应变能力：对于出现的新问题或紧急问题能否有效控制和处理，且符合团队需要，能够在目标和团队情感中找到平衡点。

团队精神：主要考核点在于是否合群，也就是能否快速融入小组讨论中，逐步找到合适自己的角色并发挥优势。在自己的意见与团队大多数人不同时，能否妥协或者有理有节有据地说出自己的想法，在个人真实意见和团队目标中找到平衡点。能否尊重他人，倾听他人意见。

个人影响力和自信心：主要看一个团队成员能否得到大多数成员的认可和接受，提出的观点能否得到小组成员的认同，是用命令的方式去压制团队成员，还是用非常合理的方式去说明感化团队成员，能否把不同意见引向一致，发言中是否积极，是否有不同的意见。整个过程中呈现出来的精神面貌和自信心是否满足工作的需要。

3．无领导小组面试中考查评分表

以下是某公司组织的无领导小组面试考核中设置的考核项目以及评分参考标准（表 7-1）。

表7-1　小组面试中考查评分表

序号	考核项目	权重	备注
1	口头表达能力	12	
2	逻辑与分析能力	12	
3	组织与协调能力	11	
4	积极主动性	10	
5	自信心	8	
6	说服能力	8	
7	反应灵敏性	9	
8	情绪管制与稳定性	10	
9	团队配合度	10	
10	尊重与倾听性	10	

4．无领导小组流程规则与应对策略

（1）**规则说明**。一般进入此面试环节后，面试官会交代清楚大致流程、活动规则以及其他注意事项，作为团队成员一定要认真仔细聆听相关要求，不然在活动过程中会处于相对被动局面而影响自己的发挥和考核成绩。

（2）**自我介绍**。一般在活动正式开始后由各小组成员简短介绍自己的基本情况，主要是用于相互的了解和认识，便于后面活动好开展，同时也是为每一个应聘者提供一个展示的机会。

（3）**思考判断**。经过自我介绍之后，面试官会把小组题目抛出来或者以资料的形式交给现场每位成员。拿到题目后一般会有 3 ～ 5 分钟的思考时间。每位小组成员一定要在这 3 ～ 5 分钟内快速完成题目材料阅读、理解其本质和看到问题实质，同时要思考考核方向以及问题切入点，综合后在心中或者用笔记录下自己的核心观点和思路，便于小组讨论。

（4）**观点陈述**。陈述环节是为了便于给团队成员相互了解各自的观点和看法，同时也是给每位成员一个充分展示的机会。在发言过程中一定要注意到表达清楚、条理清晰、逻辑正确、观点鲜明即可。

（5）**小组讨论**。小组讨论是无领导小组面试的关键环节，里面涉及角色分工和合作应对。一般有领导者、时间控制人员、建议者、记录员、总结人等多种角色，不管是哪一个角色都要参与到讨论中（表 7-2）。

表7-2 小组面试中分工合作表

序号	角色名称	职责描述	备注
1	领导者	确定方向、组织讨论、思路引领、协调	
2	时间控制人员	时间划分、管理进度	
3	建议者	提出建议和意见	
4	记录员	记录所有成员观点与发言记录形成发言稿	
5	总结者	代表小组作出总体陈述和方案展示	

（6）**展示总结**。整个讨论结束了以后，发言人根据记录人员提供的信息，综合各方之后形成最后陈述发言材料。发言人一定要思路清晰、观点明确、考虑周全、表达准确。同时应注意礼貌礼节，对应聘方给予感谢和整个过程给予说明。小组其他队员则要一起仔细聆听面试官提出的问题，必要时可以给予补充和说明。

（四）行为面试

所谓行为面试，即通过一系列基于具体行为的问题考核，主要考查求职者特定方面的素质和能力，常应用于企业，特别是外企中。主要考核面试者的领导能力、团队合作能力、分析和解决问题的能力、结构化思维能力和学习能力以及创新能力。

除了以上面试外，还有压力面试，即面试官不断提问和反复追问一个和多个问题，主要是考核面试者在高度紧张情况下的语言表达、逻辑思维以及心理素质能力。

四、面试后的等待和处理

（一）礼貌查询结果

每一个求职者面试之后都想得到结果，想知道自己是否被录用的心情是可以理解的，但是在咨询和查询结果时却要注意策略和方法，不然效果不好，会影响自己的结果。一般面试结束后最多一个星期或者 15 天左右会给出结果。这段时间内应该耐心地等待，不宜过早打电话或邮件咨询。若过了时间仍没有消息，则可以打电话或者发邮件去咨询了解。主旨是重申自己对公司和岗位感兴趣，希望给予机会。把握好语言并注意礼貌，在招聘方难以决策时你的关心和问候或许会帮助他们决策，增加入选机会。

（二）做好再次复试准备

有些重要岗位或关键岗位可能还有复试和与总经理的单独面试。因此，当知道通过面试后就开始了解或根据先前的日程安排做好下一阶段的准备工作，直至取得成功。

（三）心态放平，正确面对

天下没有谁是一帆风顺的，不经历风雨，怎能见彩虹。因此，当自己得知没有面试成功的消息后，也不要灰心气馁。正确面对和处理，认真总结经验，争取在下次和以后的求职中取得成功。

五、面试中的常见的问题

（一）个人基本信息类

请你简要介绍一下自己的基本情况（自我介绍）。你的家庭情况怎么样？你最大的优点是什么？你最大的缺点是什么？你和你室友的关系怎么样，你怎么评价他们？你喜欢班级哪一类学生，为什么？你的兴趣和爱好是什么？你有男 / 女朋友吗？谈过几次恋爱？

（二）教育经历

你学习成绩在班级中的排名情况如何？你最喜欢什么样的课程，为什么？你最不喜欢什么样的课程，为什么？你除了学习以外，参加了哪些社团和学习兴趣小组？

（三）实习经历

做过什么样的兼职？参加过哪些社会实践活动？有没有项目实践经验，你担任什么样的职责，负责什么样的工作内容？在实习中最大的收获是什么，遇到的最大困难是什么，如何克服的，如果再遇到类似问题如何解决？

（四）职业素养

公司让你加班，你愿意吗？你缺少工作经验，如何能够胜任这份工作？如果你与上级负责人的意见不一致，你将如何处理？你怎么看待学历不如你的人待遇还比你高？具体专业知识和技能测试与交流……你短时间会跳槽吗？

（五）福利待遇

你对工资和福利有什么样的要求？如果有些要求不能满足你是否愿意来公司上班？你还有什么要求和问题？

（六）职业规划

你的发展路径是怎样设计的？工作一段时间后，若工作不如意，你会中途离职去读研吗？选择一家公司你会考虑哪些因素？你为什么选择我们公司？你在哪些公司或做过哪些岗位？你为什么要离开前一个公司？

六、面试注意事项

对于这些问题，大家可以事先做一些准备，也可以在网上搜一搜，同时注意在回答问题的过程中要做到：

（一）良好的形象、清晰的表达

（1）吐字要清楚，用词要准确。

（2）基本的规范用语要懂：您好！请问是？麻烦了！谢谢！再见！

（3）整个过程要有素养和文雅。

（二）良性地互动、有效的沟通

（1）有问必答，但不能乱答。

（2）诚实，知道就是知道，不知道就是不知道，可以有策略地回答，但要能自圆其说。

（3）彬彬有礼、落落大方，得体、自信、阳光。

七、现场考核

有的招聘单位设置了现场考核的环节，如 ×× 中学招聘信息技术管理人员兼信息信息技术教师，就要求应聘者既要有精湛的专业技术，还要有一流的讲课水平。一般采用的形式就是一场试讲、一场操作，时间不一定很长，但通过交流沟通和现场的操作演示基本上就可以决定是否录用求职者。对于计算机相关专业的学生而言，现场考核的形式就比较多了，如网络搭建、服务器配置、程序编写、前端设计等。因此，一定要认真准备好求职岗位的需求技能和现场演示环节。

如果没有涉及现场考核环节，作为求职者也可以创造机会，以增加竞争力和录取率。比如，准备好能够胜任岗位能力的作品和项目方案。

第八章　就业权益

如今网络招聘方式较为普遍，大学生涉世未深，没有什么防范意识，又有着强烈的就业愿望和工作需求，对有的非法企业的招聘不能有效识别，很容易在求职过程中上当受骗。就业权益通俗的讲就是大学生在求职就业过程中的待遇和各种福利保障，以及自己的正当合法权益受到破坏时，知道如何去维护。

一、常见招聘骗局

（一）各类收费

这类用人单位比较小，对外以刚成立、业务尚需拓展为理由，需要招聘大量应届毕业生。大多会以交培训费、押金、手续费、押身份证等形式为由骗取大学生的钱财。

1．还未入职就要交各类费用

张同学来自农村，家庭条件不好，父母均是老实憨厚的农民，无挣钱养家的技能和门路。张同学本人很是勤奋好学，在大学三年间获得了多次奖学金且专业成绩和技能一向都拔尖。但在寻找工作的过程中却没有门路，眼看毕业还没有找到合适的工作，情急之下走街串巷看到宣传栏张贴的招聘广告就去应聘。工作内容和工作待遇都让张同学满意，公司对张同学似乎也比较满意。第二天张同学去上班时，经理却告诉他：为防止人才流失和公司机密泄露，要求张同学交500元保证金。张同学实在是需要得到这份工作，看到同行应聘成功的其他人员都在交纳保证金，本来就不宽裕的张同学还是从同学那里借来500元交了过去。第三天再去上班时，发现大门紧闭，似乎不像个公司的样子，一打听才知道自己上当受骗。

2．高额培训费＋套路贷

目前大学生就业形势仍然比较严峻，原因有多方面。有毕业生自己的原因，也有高校课程设置的原因，主要还是毕业生自己的原因。有的用人单位联合第三方的互联网金融公司和贷款公司，诱骗大学生参加各种技能培训。有的大学生因为不能还钱，出现各种难以处置的问题。也有正规的培训公司以大学后岗前职业培训为由收取学生高额培训费用，答应在工作中逐月扣除，一般与学生签订培训和就业协议。此类收费培训项目也要小心慎重选择。一定要明确培训时间、培训内容、所获技能、就业去向、就业保证等内容，以避免上当受骗。

（二）误入传销骗取家属钱财

笔者所在学校的学生曾因为求职误入传销组织，骗取家人钱财数万元，搞得家庭苦不堪言。一学生通过中介到东莞某公司上班，结果公司没有去成，却被中介引入了传销组织。第一次借损坏公司设备要求家人打款 6000 余元到账上，第二次借损坏别人摩托车为由要求家人打款 8000 元，第三次以生病住院为由要求家里打款 15000 元。家人起初并没有在意，信以为真，东借西筹还是将款打过去了。家人正在犯难之际，恰巧碰到亲戚，亲戚就讲："小心点哟，不要进传销了哟！"于是家人立即报警，并告诉了学校，在学校和警方的通力配合下，终于将学生救出。

（三）不签订劳动合同，充当廉价劳动力

有的毕业生可能觉得不签订劳动合同，想离职就离职，还自由一些。但实际上，不签订劳动合同就上班的情况，对于大学生而言是没有任何保障的，如工资、工作时长、内容以及各种福利待遇等。这种情况主要是一些公司利用大学生求职心切或者利用大学生实习之际，经过短暂的培训之后安排大学生到一些普通岗位充当一个标准岗位工人，但发给大学生的工资却是实习工资，没有五险一金，不提供食宿和其他补贴。如果本身就是实习还无可厚非，但已经毕业的学生还是如此待遇，显然是不能留住大学生的。有的学生因为工作待遇等原因，工作几个月后直接离职，自己解除劳动权利和权益。

二、就业程序

通过上面的案例和近年来的新闻报道，我们发现经常有大学生在求职就业过程中上当受骗，甚至有应聘医药代表的大学生被迫割肾的情况出现。为防止类似不良事件发生，大学生应该加强警惕性和增强防范意识。同时了解相关政策和大

学生就业程序，通晓整个过程，对每一步了然于胸人，才好应对和处置。

一般各高校的就业工作会按照如下流程开展工作：毕业生生源情况统计——制作专业介绍，发布毕业生信息——发放推荐表和协议书——开展就业指导活动，组织校园招聘会（有的学生在校外自行求职应聘）——做好就业资料及思想心理准备——收集处理就业信息——应聘并签订就业协议——学生与用人单位、学校签订三方就业协议或劳动合同——学校统计学生就业去向和档案去向，以此制作就业方案初稿——毕业生资格审查——领取报到证并办校离校手续——按时到用人单位报到——办理改派手续——形成就业方案并上报教育部。

大家看到这个程序后，会看到有几个关键信息和要点：一是顺利毕业是关键，若不能毕业，不能拿到两证（毕业证、学位证），其他都是徒劳。二是报到证，报到证是向用人单位报到的凭证，来源于毕业前的工作签订情况。一般国有企业、从型企业和事业单位都是需要报到证的，当然有的小微企业不需要报到证。

三、就业协议或劳动合同

毕业生与用人单位通过双向选择达成就业意向后，均须签订《普通高等学校毕业生就业协议书》（以下简称《就业协议书》）或者是劳动合同。学校根据手续完备的就业协议书或劳动合同制订就业计划，并作为毕业生派遣、户口迁移、档案转递的依据。《就业协议书》的发放对象为国家任务招收的非定向普通本、专科毕业生，其中考取研究生、专升本和未解除定向就业协议的毕业生不发放《就业协议书》，主要用于毕业生、用人单位、学校等三方，明确毕业生、用人单位、学校三方在毕业生就业工作中的权利和义务的书面表现形式和毕业生介绍自身情况，并表示愿意到用人单位就业、用人单位表示愿意接收毕业生，学校同意推荐毕业生并进行派遣，毕业生到用人单位报到后就自行终止有效期。而劳动合同是毕业生与就业单位的协议，不受关系和身份的限制，是毕业生从事何岗位、享受何种待遇等权利和义务的依据，内容涉及劳动报酬、劳动保护、工作内容、劳动纪律等方面的具体规定。有的同学会问，只签订劳动合同可不可以？当然可以，但是在没有正式毕业之前一般企业是不会与学生签订劳动合同的。所以三方协议就能发挥重要作用，解决学生身份而签订工作协议的问题。因此，在学生毕业前一般签订三方协议，毕业后一般是签订劳动合同。

毕业生先如实填写基本情况后，交与用人单位签字、盖章，用人单位上级主管部门或地方就业主管部门盖章后，由毕业生一式三份交回原学院签字盖章（一般推荐栏由各学院分管学生工作的院长（书记）或毕业班辅导员审核后签字并盖章），最后一式三份交回各学校的招生就业办公室审核、盖章，纳入就业方案。

（一）签订合同遵循的原则

不管签订就业协议还是劳动合同，在签订过程中都要注意以下原则：

1. 合法合规原则

订立劳动合同时必须遵守国家的法律法规和政策的规定。一是订立劳动合同的主体必须合法，作为用人单位，必须是依法成立的企业、事业单位、国家机关和社会团体以及个体营户等用人单位；劳动者必须是具有劳动权利和劳动行为能力的公民。二是劳动合同的内容必须合法，劳动合同条款不能违反国家法律、法规和政策的规定，不得违背国家利益和社会公共利益。三是劳动合同订立的形式和程序必须合法。

2. 平等自愿原则

平等主要是指当事人双方在签订劳动合同时的法律地位平等，没有任何隶属关系、服从关系，用人单位与劳动者是以平等的身份订立的劳动合同。自愿是指订立劳动合同完全出于当事人自己的意志，任何一方不得将自己的意志强加给对方，也不允许第三方干涉劳动合同的订立。

（二）劳动合同必备条款

劳动合同的条款包括必备条款和约定条款两部分，必备条款有：一是用人单位的名称、住所和法定代表人或主要负责人。二是劳动者的姓名、住址和居居身份证或者其他有效证件号码。三是劳动合同的期限。四是工作内容。五是劳动保护和劳动条件。六是劳动报酬。七是劳动纪律。八是劳动终止的条件和违反劳动合同所承担的责任。

（三）应注意的其他方面

1. 书面条款约定的形式确立劳动关系

《劳动合同法》规定：建立劳动关系，应当订立书面的劳动合同，如果已建立劳动关系，未同时订立书面劳动合同的，应当自用工之日起一个月内订立书面劳动合同。因为劳动合同是我们保证自己合法权益的基础，是受法律保护的。签订协议应当遵循合同的合法公平、平等自愿、协调一致、诚实守信的原则，双方签订协议之后，毕业生到用人单位报到日即建立劳动关系。

2．严格审核签订的合同内容

协议中可能篇幅较多，内容复杂，约定事项较多，但是应该把以下事项明确：用人单位的名称、住所、法定代表人或主要负责人；劳动者的姓名、住址和居民身份证或者其他有效身份证件号码；合同的期限；工作内容和工作地点；工作时间和休息休假安排、劳动报酬；社会保险；劳动保护、劳动条件和职业危害防护以及法律法规应当纳入劳动合同的其他事项。

3．严格审核合同的有效性和真实性

在签订劳动合同或者在履行劳动合同的过程中，发现实际中与签订的内容有不一致的地方，那么就存在无效合同问题。《劳动合同法》第二十六条中规定劳动合同无效或者部分无效存在以下情况：

（1）以欺诈、胁迫的手段或者乘人之危，使对方在违背真实意思的情况下订立或者变更劳动合同的。

欺诈在现实生活中是真实存在的现象，如有个别公司虚构或者夸大了待遇和公司环境；学生伪造了学历证书或者资质证明以及工作经历等。这样签订的合同都是无效的。

（2）用人单位免除自己的法定责任，以达到规避企业责任风险，转嫁责任。如法律明确规定的福利和要求，则要求毕业生自愿放弃享受，不然不予录用。

4．合同变更、解除与终止程序

（1）**变更**。劳动合同是用人单位与应聘双方签订的劳动用工合同，若要变更当然需要双方沟通商量之后再作书面变更或作补充协议。变更之后合同双方各执一份。

（2）**解除**。当签订合同之后，双方开始履行劳动合同内容。但一方由于其他原因或事由出现提前终止劳动合同的情况，应本着双方协商沟通的原则进行处理。若是用人单位提出，则要根据相关工资标准及合同约定进行赔偿。

四、就业权益及其保护

（一）相关法律与就业权益

与大学生就业相关的法律、法规有《劳动法》《劳动合同法》《就业促进法》《劳动争议调解仲裁法》《普通高等学校毕业生就业工作暂行规定》等。

《劳动法》。毕业生着重了解平等就业和选择职业的权利、取得劳动报酬的权利、休息休假的权利、获得劳动安全卫生保护的权利、接受职业技能培训的权利、享受社会保险和福利的权利、提请劳动争议处理的权利以及法律规定的其他权利。

《劳动合同法》。《劳动合同法》是《劳动法》的特别法。

《就业促进法》。营造公平就业的环境，消除就业歧视，制定政策并采取措施对就业困难人员给予扶持和援助。

大学生要具备就业权益的自我保护意识。法律意识，市场经济是法治经济，毕业生就业也必须走法治化道路。契约意识，一是重视和深刻理解就业协议的重要性，有通过就业协议来保护自己合法权益的意识；二是严格遵守、履行就业协议内容的意识。维权意识，权益受到侵犯时不要惊慌，可依靠学校、国家行政机关、新闻媒体、法律援助、司法机关维权。证据意识，一是收集证据的意识，要求对方出示或者提供相关资料；二是保存证据的意识，以便将来在仲裁或诉讼时支持自己的观点；三是运用证据的意识，毕业生要有用证据证明案件事实的意识。诚信意识，毕业生自己在求职过程中必须如实向用人单位介绍自己的情况。识别和规避企业的费用陷阱、高薪陷阱、试用期陷阱、合同陷阱。

（二）劳动争议与处理

如果在求职过程中遇到不公甚至人身伤害，与公司发生了各种矛盾，该怎样来维护自己的合法权益呢？《劳动争议调解仲裁法》相关规定：发生劳动争议，当事人不愿意协商、协商不成或者达成和解协议后不履行的，可以向调解组织申请调解：不愿意调解、调解不成或者达成调解协议后不履行的，可以向劳动争议仲裁委员会申请仲裁；对仲裁裁决不服的，还可以向法院提起诉讼。因此，一般有协商、调解、仲裁、诉讼四种途径解决劳动争议。

协商。个人与公司通过工会组织或第三方出面协商解决处理。这种方式最简单，也最经济，直接沟通即可解决问题。但是缺少执行法律的效力。协商不成或不愿意协商，可以申请调解或仲裁。

调解。由专门调解组织解决劳动争议的方式。一般由基层调解组织、劳动争议调解委员会进行调解。

仲裁。解决劳动争议的必须程序，未经仲裁的劳动争议是不可以向人民法院提起诉讼的。一般要求仲裁人提交书面申请。对劳动争议仲裁委员会不予受理或者过期未做出处理的，申请人可以向人民法院提起诉讼。

诉讼。用人单位或个人可以就争议事件向人民法院提起诉讼。

（三）试用期与五险一金

1．试用期

试用期是指包括在劳动合同期限内，用人单位对劳动者是否合格进行考核，劳动者对用人单位是否符合自己要求也进行考核的期限，这是一种双方双向选择的表现。试用期包含在劳动合同期限内。劳动合同仅约定试用期的，试用期不成立，该期限为劳动合同期限。

国家《劳动合同法》规定：劳动合同期限满三个月不满一年的，试用期不得超过一个月。劳动合同期限满一年不满三年的，试用期不得超过两个月；三年以上固定期限和无固定期限的劳动合同，试用期不得超过六个月。同一用人单位与同一劳动者只能约定一次试用期。以完成一定工作任务为期限的劳动合同或者劳动合同期限不满三个月的，不得约定试用期。

2．五险一金

五险一金是指用人单位给予劳动者的几种保障性待遇的合称，包括养老保险、医疗保险、失业保险、工伤保险和生育保险，以及住房公积金。

3．违约金

用人单位在哪些情况下可以约定违约金呢？《劳动合同法》对违约金条款给予了严格的限制，明确规定只有两种情况可以约定违约金。一是用人单位为劳动者提供专项培训费用，对其进行专业技术培训的，可以与该劳动者订立协议，约定服务期。如果劳动者违反服务期约定的，应当按照约定向用人单位支付违约金。但违约金的数额不得超过用人单位提供的培训费用。二是对负有保密商业秘密和知识产权义务的高级管理人员、高级技术人员和其他负有保密义务的人员，用人单位可以与之约定竞业限制，如劳动者违反竞业限制的约定，应当按照约定支付违约金。除这两种情况外，用人单位不得与劳动者约定由劳动者承担的违约金。

五、报到证与人事代理

（一）报到证

地方主管毕业生的部门一般是各省教育厅的大学生就业指导服务中心。毕业前夕，各高校将已就业学生数据上报主管部门，主管部门则以此制订包括就业报到证、档案管理等在内的就业方案。毕业生统一使用《全国普通高等学校本专科毕业生就业报到证》和《全国毕业研究生就业报到证》。未找到工作和未正常毕业的学生没有按时领取就业报到证。此证作为毕业生就业派遣的正式手续，一般国有企业、大中型企业和事业单位都需要报到证才能正常报到工作。小型企业则不太看重此证。在毕业生派遣后，因为特殊原因或违约不能到用人单位工作的，可以申请改派，也就是调整就业方案，重新办理相关手续。具体可登陆各教委就业服务网查看相关要求。一般也要毕业证、原报到证、原就业协议书、新签订协议、原解除就业证明等五个材料才可以改派。

（二）人事档案与代理

1．人事档案

人事档案是个人学习工作经历的重要证明材料，是人事部门考察了解职工的必要依据。毕业生档案主要包括两大部分材料，一部分是高中阶段的材料和参加高考的报名材料；另一部分是大学期间的有关材料。这两大部分主要包括以下几种类型的材料：学生基本情况材料，如学生登记表、家庭成员调查表等；政治材料，如思想品德考核、入党或入团志愿书及相关材料；学籍材料，如学习成绩单、会考证明、学历证明书等；奖惩材料，如奖励证明、处分文件等；毕业生鉴定材料；毕业生体检材料；毕业生《报到证》存根及毕业生派遣档案转递单。按照有关规定，档案接收单位应该是县级以上单位或地方政府人事部门，毕业生档案必须由专人通过机要的方式转递，毕业生个人不得携带档案。

到非国有单位就业的毕业生，在签订就业协议书时，一般要求到单位所在地的人事部门或人才交流中心办理档案、户口托管手续，以便能及时、准确地接转档案和户口，确保档案的安全，顺利办理落户手续。

毕业生到工作单位报到后，应当及时去工作单位的人事部门查询自己的档案是否转达。如果一到三个月内发现档案没有转达，则应及时与学校联系，以便及时查询档案的下落。按规定，机要部门查询档案的期限为一年。

2. 人事代理

人事代理是政府人事部门所属的人才服务中心，按照国家有关人事政策法规要求，接受单位或个人委托，在其服务项目范围内，为多种所有制经济尤其是非公有制经济单位及各类人才提供人事档案管理、职称评定、社会养老保险金收缴、出国政审等全方位服务，是实现人员使用与人事关系管理分离的一项人事改革新举措。人事代理的方式有委托人事代理，可由单位委托，也可由个人委托；可多项委托，将人事关系、工资关系、人事档案、养老保险社会统筹、住房公积金等委托区人才服务中心管理，也可单项委托，将人事档案委托区人才服务中心管理。

（1）**人事代理的内容是什么？**人事代理的服务内容涵盖了人事档案管理以及与人事档案管理相关的就业手续、转正定级、档案工资、工龄计算、职称评审、年度考核、调动、出国政审、养老保险等各项业务。实行人事代理后，人才中心就成为各类非公有制单位共同的人事管理部门。它不仅有利于非公有制企业吸纳人才，促进经济的发展，而且能为到非公有制企业工作的专业技术和经营管理人才解除许多后顾之忧，提供许多实实在在的帮助和服务。

（2）**个人如何办理人事代理手续**。持本人有效证件，经人才交流服务中心审查后，办理委托手续，档案依法交由人才交流服务中心管理。人事事务根据委托人需要按规定办理。

第九章 团队建设

社会分工越来越细，每个人都会专注于自己最擅长的领域。但社会又是交叉发展的，在分工细致的同时又是配合协作完成同个产品或多个任务。跨岗位、跨部门、跨公司，甚至是跨地区和不同的国家开展合作已是国际趋势。团队合作成为一个公司首要的入职培训和对员工的基本要求。在团队合作之前首先得做好自己，因此本章在介绍如何管理好自己的同时，重点介绍如何加强和配合好团队管理。

第一节 个人管理

一、何为自我管理

当代社会是人才与能力的竞争，能力通过学习是可以弥补和提高的，但一个人的态度或者秉性却难以在短时间内培养起来。因此加强自我管理是作为大学生向职业人跨出的第一步。那么什么是自我管理呢？

所谓自我管理，可以视为与自我的关系管理（self-management），就是指个体对自己本身，对自己的目标、思想、心理和行为等表现进行的管理，自己把自己组织起来，自己管理自己，自己约束自己，自己激励自己，自己管理自己的事务，最终实现自我奋斗目标的一个过程。自我管理又称为自我控制。是指利用个人内在力量改变行为的策略，普遍运用在减少不良行为与增加好的行为的出现。

自我管理注重的是一个人的自我教导及约束的力量，亦即行为的制约是透过内控的力量（自己），而非传统的外控力量（教师、家长）。

二、为什么要自我管理

为什么要加强自我管理呢？简单地说如果一个人管理不好自己，就不能管理别人，就谈不上如何去管理企业或在企业里面担任一定的职务去管理别人。著名的管理学家彼得·德鲁克（Peter Drunker）说过："未来的历史学家会说，21 世纪最重要的事情不是技术或网络的革新，而是人类生存状况的重大改变。"在 21 世纪里，人将拥有更多的选择，他们必须积极地管理自己。那些伟人往往有惊人的个人管理能力，所以他们能够取得成功。如毛泽东是一个抽烟抽得非常厉害的人，经常在夜里边抽烟边写文章。但在重庆与国民党谈判期间，听说蒋介石不抽烟，就连续一段时间做到了不抽烟。后来有人知道这件事情以后，就此断定毛泽东必是领导中国成功之人。而对于我们普通人来说，自我管理是迈向成功大门的前提。对于组织和单位而言，培养和提升员工的自我管理和约束力是提高组织整体管理能力和综合竞争力的基础。只有每个人都能够做到自律、自励、自省、自立、自强、自信，从而使整个组织的目标一致，方向一致，执行一致、落实到位，整个组织或企业才能实现既定目标。

当然，除了约束和加强管理以外，一定的引导、修炼和持之以恒的坚持，每个人的个人习惯和身心素养也是可以养成和达到一定境界的。

三、自我管理的类别

如何进行自我管理，这涉及自我管理的方向和内容。自我管理涉及很多，但主要的有目标管理、时间管理、情绪管理、学习管理、习惯管理等方面。

（一）目标管理

人生没有目标就像大海里的航船没有方向，始终不能到达胜利的彼岸。人生没有目标就会浑浑噩噩地过日子，过一天算一天，就会没有动力，就会一事无成。有规划和有目标的人生是截然不同的，哈佛大学的一项跟踪调查研究表明：3% 的人有清晰且长期的目标，一直朝着同一个方向不懈努力，结果是 25 年后，他们几乎都成了社会各界的顶尖成功人士。10% 的人有清晰的短暂目标，大都生活在社会的中上层，结果是不断完成预定的短期目标，生活状态逐步上升。25 年后，他们成了诸如医生、律师、工程师、高级主管等各行各业不可或缺的专业人士。60% 的人目标模糊，25 年后能安稳地生活与工作，但都没有什么特别突出的成绩。27% 的人是那些没有目标的人群，结果是他们几乎都生活在社会的最底层，生活过得很不如意，常常失业，靠社会救济，并且常常都在抱怨他人、抱怨社会、抱怨世界。可见目标确定对于一个人的成长是极其重要的。

（二）时间管理

为什么我们提出时间管理呢？因为，时间是最重要的，时间也是最公平的。每个人的天资和能力不一样。但是每个人的时间却是公平的，会利用时间的人一定是可以成功的人。在同一个时间里面做更多更好的事情意味着成功。那如何管理时间呢？将时间排列成先后顺序和优先级别，即可实现时间管理。

（三）情绪管理

情绪的商数指标，也叫情商 EQ，能够管理好自己的情绪的人，往往就是能够管理团队的人。每个人面对于工作、生活、人际关系都会有不同的压力，不同性格的人会在同一场景和情况下表现出不同的情绪状态，会不同程度地出现紧张、焦躁、心烦、忧虑等情绪。情绪的管理者可以学会对生活中的矛盾和事件引起的反应做到适可而止，或者进行排解，能以乐观的态度、幽默的情趣及时地缓解紧张的心理状态。如何能够先处理情绪再处理事情，是我们每个人都要修炼的本领和修养。

（四）学习管理

学历并不重要，重要的是会学习。21 世纪人才的一个特点就是会学习和拥有学习的能力。学习是终身的，而不仅仅是在学校期间的学习。在现代社会里要知道，学什么，如何学，跟谁学，怎样能够持续地学和成功。

（五）习惯管理

著名的军事家拿破仑·希尔说："我们每个人都受到习惯的束缚，习惯是由一再重复的思想和行为所形成的。"因此，养成一个好习惯关系到我们的成长和成才。我们主要通过掌握正确的思想来指导我们的行为，从而养成正确的习惯，达到改变我们命运的目的。

自我管理的内容很多，不局限于以上几种，我们只根据大学生的特点适当罗列了几个方面。比如，还有压力管理、财务管理、逆境管理等多方面。

四、如何实现自我管理

（一）目标管理

1．何为目标管理

目标管理的概念最先由一个叫彼得·德鲁克（Peter·Drunker）的美国管理大师于1954年在一本名为《管理实践》的书中提出。其后他又提出“目标管理和自我控制”的主张。彼得·德鲁克说：“并不是有了工作才有目标，相反是有了目标才能确定每个人的工作。”经典管理理论对目标管理MBO的定义为：目标管理是以目标为导向，以人为中心，以成果为标准，而使组织和个人取得最佳业绩的现代管理方法。目标管理也称“成果管理”，俗称责任制。是指在企业个体职工的积极参与下，自上而下地确定工作目标，并在工作中实行“自我控制”，自下而上地保证目标实现的一种管理办法。

2．目标管理如何操作

这里的目标管理，我们暂时不谈企业和组织层面的，我们只谈个人层面的。

（1）目标管理的步骤与程序。

自我认识与分析；

设定发展目标并分解目标；

发展目标的实现路径、方法与措施；

目标规划的评估与反馈；

目标的实施；

目标阶段总结并实行激励与处罚。

（2）自我管理与认知。

我的气质、性格等；

我的爱好、兴趣、喜好等，分析自己的兴趣爱好，认定自己想干什么；

我具备的能力和能胜任的能力，分析自己的能力、特长，确定自己能干什么；

再次分析专业、行业和目前岗位情况，确定社会需要什么。

（3）**确定并分解你的发展目标。**

长期目标：大学毕业的求职目标甚至是自己近五年的发展目标。

中期目标：大学各年级阶段的目标。

短期目标：各学期和近段时间的目标。

（4）**注意事项**。拟定各阶段的目标时，一是要参考前辈、同行、同事以及咨询相关专业的人士给予建议。二是要结合自己的求职目标或发展目标。三是拟定目标、设定期限，并且给出理由，切割成若干个小目标。盘点资源、找出成功的经验、确认你要克服的障碍、确认你所需要的知识、目标视觉化、效法模范（榜样）、核对目标，再次确认。

3．分析工具

在对目标管理和个人管理的同时，我们可以借助国外的 Swot、Smart 分析法等两个管理工具进行自我分析。

（1）**Swot 分析法**。所谓 SWOT 分析，即基于内外部竞争环境和竞争条件下的态势分析，就是将与研究对象密切相关的各种主要内部优势、劣势和外部的机会和威胁等，通过调查列举出来，并依照矩阵形式排列，然后用系统分析的思想，把各种因素相互匹配起来加以分析，从中得出一系列相应的结论，而结论通常带有一定的决策性。S（Strength）优势、W（Weakness）劣势、O（Opportunity）机会、T（Threat）威胁。分析自己的优势、劣势和在这个时代面临着的机会以及遇到的困难和威胁，也是做到知己知彼的一个有效方法和分析工具，建议大学生们使用。个人职业决策中的 SWOT 分析法如表 9-1 所示。

表9-1　SWOT分析法

	优势	劣势
内部因素	**指个体可控并可利用的内在积极因素** ●工作经验、教育背景 ●丰富的专业知识和技能 ●特定的可转移技巧（沟通、职业道德、团队合作、领导能力等） ●人格特性（职业道德、自我约束、承受压力、创造性、乐观等） ●广泛的个人关系网络 ●在专业组织中的影响力	**指个体可控努力改善的内在消极因素** ●缺乏工作经验、学习成绩差或一般 ●缺乏目标，且对自我的认识不足 ●较差的领导能力、人际交往能力、沟通能力和团队合作能力 ●较差的寻找工作的能力 ●负面的人格特征（职业道德较差、缺乏自律、缺少工作动机、害羞、性格暴躁等）

续表

	机会	威胁
外部因素	**指个体不可控但可以利用的外部积极因素** ●就业机会增加、专业领域急需人才 ●专业晋升的机会 ●职业道路选择带来的独特机会 ●地理位置的优势 ●强大的关系网络	**指个体不可控但可以使其弱化的外部消极因素** ●就业机会减少 ●由同专业的大学毕业生带来的竞争 ●具有丰富技能、经验、知识的竞争者 ●名校毕业的竞争者 ●专业领域发展有限

（2）**Smart 分析法**。制订职业生涯目标有一个黄金准则可以供大家参考，那就是“SMART”原则。SMART 是五个英文单词的第一个字母的汇总，好的目标应该符合此原则。分别由 Specific、Measurable、Attainable、Relevant、Time-based 五个词组组成。下面作简单介绍：

SMART 原则一 S（Specific）——明确性。所谓明确就是要用具体的语言清楚地说明要达成的行为标准。明确的目标几乎是所有成功团队的一致特点。很多团队不成功的重要原因之一就因为目标定的模棱两可，或没有将目标有效地传达给相关成员。对个人而言也是如此。

SMART 原则二 M（Measurable）——衡量性。衡量性就是指目标应该是明确的，而不是模糊的。应该有一组明确的数据，作为衡量是否达成目标的依据。

如果制订的目标没有办法衡量，就无法判断这个目标是否实现。

SMART 原则三 A（Attainable）——可实现性。目标是能够被执行人所接受的。太高不是自己的目标，太低也不算自己的目标，那什么样的目标是最适合的呢？经常听到有一句话说是，跳起来够得着。比如说，我们确实举不起千斤重的量，非要给自己这样一个目标，结果自己不管怎样练习始终达不到。

SMART 原则四 R（Relevant）——相关性。目标的相关性是指实现此目标与其他目标的关联情况。如果实现了这个目标，但对其他的目标完全不相关，或者相关度很低，那这个目标即使达到了，意义也不是很大。

SMART 原则五 T（Time-based）——时限性。目标特性的时限性就是指目标是有时间限制的。没有时间，就没有意义和价值。所以任何目标的设置一定要在一定时间内完成。

（二）时间管理

一天 24 小时，一周 168 小时，一个月大约 720 小时，一年就 8700 多个小时，听起来挺充裕，可是每个人的时间使用却千差万别。早上 6 点，有人在睡觉，有人在跑步，有人在读书，有人在工作……因此，我们经常说决定一个人的成长不仅仅是 8 小以内，更是 8 小时以外。

为什么有的人一天可以做许多有价值和意义的事情，而有的人一天都在忙，却没见完成什么工作，甚至连工作都完成不了呢？马克思在资本论里揭示了资本家压迫无产阶级的密码是剩余价值。那么我们反过来用呢？那些成功的人除了比我们能干以外，主要还是利用了更多的剩余时间。因为他们比我们更勤奋，当我们在玩的时候，他们在努力工作；当我们在休息的时候他们也在努力工作。他们每天都比我们多工作 1 ～ 2 个小时，长年累月下来他们就比我们多很多的时间。我们承认人和人之间有一定差距，但我们更愿意相信人和人之间存在的差距多是由于自己的努力不够和时间分配问题造成的。

1. 四象限原则

四象限法则（图 9-1）是时间管理理论的一个重要观念，应有重点地把主要的精力和时间集中地放在处理那些重要但不紧急的工作上，这样可以做到未雨绸缪，防患于未然。在人们的日常工作中，很多时候往往有机会去很好地计划和完成一件事。但却没有及时地去做，随着时间的推移，造成工作质量的下降。因此，应把主要的精力有重点地放在重要但不紧急这个“象限”的事务上是必要的。把精力主要放在重要但不紧急的事务处理上，需要很好地安排时间。

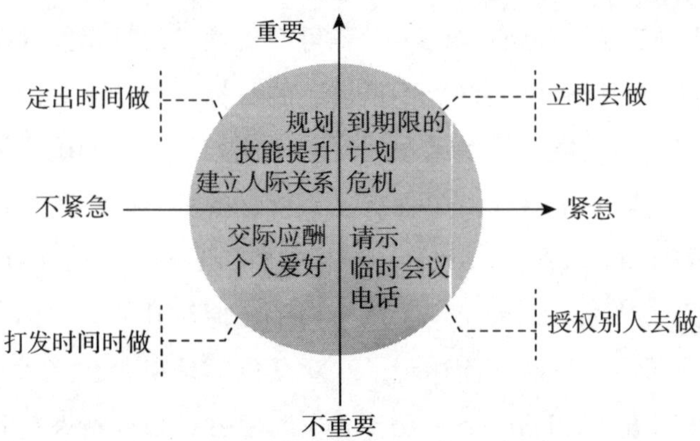

图9-1　时间四象限原则

2. 清单原则

清单是有效解决我们工作头绪的办法之一。当我们面临着纷繁复杂的内外环境和事无巨细的烦锁事务时，难免将主次事情搞混甚至忘记。有效解决这一问题的办法就是清单。比如，航天员的操作是非常复杂的，如果操作失误就会造成毁灭性的损失。因此人们制作了清单，让他们一条条地操作指令，以至于不会出现任何问题。清华学霸姐妹花也是通过一个小小的清单实现了学习、工作、兴趣爱好都不误。清单操作起来其实也很简单，一是罗列出要完成的事情，明确时间和责任人。二是给罗列出来的事项排出优先次序。三是完成一件划掉一件。四是每天总结完成事项和未完成事项，并规划明天要做的事项。

除此之外，我们还有什么办法来控制时间呢？

一是列出当日重要的任务。有的人整天都是浑浑噩噩的，晚上临睡前都不知道自己白天干了什么，好像做了很多事，又似乎没做什么重要事。那如何来摆脱这种“混日子”的状态呢？最好是把每日最重要的任务列出来，写在记账本、备忘录、清单、日程本上都行，可以随时增加和删减，完成一件就划掉一件，不要删除。千万别小看这一步，它会清晰地告诉你一天内究竟做了多少事。还有就是有时候大脑里会突然闪现出一些灵感和要做的事情，那平时记录本又不在身边怎么办呢？可以设置一个印象笔记本，建立灵感收集录，每月每天随时收集要处理的事情，以及突发的灵感。

二是找出属于自己的高效时段。每个人都有属于自己的高效时段，有的人是早上，有的人是晚上，有的人是中午或下午。要提升自己在单位时间上的使用效率，就该先找到自己的高效时段。试着将同一任务放在不同时段简单测试下就能知晓。比如有的人早上适合记事，晚上适合写文、读书，白天嘈杂适合运动。明确了自己的高效时段或者说生物时间钟以后，尽量把每日最烧脑或最希望完美收尾的任务放到这一时段来完成，以保证脑力的高效利用。比如要修炼的核心硬本领就要在这个时间段完成。

三是避免其他干扰，保持内心的专注。有的人在网上搜索信息或查看新闻，结果被一个又一个的链接点击吸引，看了不少不需要做的事情，结果该完成的事情却没有做。在工作进行时，手机总是我们的天敌，我们很难对“叮咚”的声音充耳不闻，很难对闪着小光点的黑屏手机视而不见。结果忍不住会刷刷微博、看看微信群、翻翻朋友圈。不知不觉时间就过去了，怎么办呢？建议工作时，手机远离身边或保持静音，有急事会电话联系你的。很多事情都是利用整块时间来完成的，这么做的目的就是让自己得以保持长时间的专注，避免好不容易聚拢的思绪被突然扯断，增加时间的无效损耗。我们经常批评小学生上课精力不集中，其实有时候我们也是一样，精力不太集中，容易被不重要的事情干扰。

四是合理利用碎片时间和统筹安排。鲁迅先生说过：时间就像海绵里面的水，挤一挤总是有的。很多人都说每天很忙，有很多想做的和要做的事情，却没有时间去做。其实我们每天除了整块的工作和自我学习时间，还有很多碎片的时间，比如等车、坐车、饭后午睡前、各种排队等，这些碎片时间我们就可以用来处理一些事情。比如回复微信信息，找东西或寻找图片素材，打一个电话等。时间是有弹性的，我们不能创造更多的时间。但是我们可以选择哪段时间适合干哪一件事情，时间也是一种选择。长久利用碎片时间来处理碎片事情，就可以节省下想象不到的惊人的整块时间来干整块时间需要做的事情。比方专注读书、创作、写程序代码等。当然，这又涉及一个统筹安排的问题，小学的时候我们都学过华罗庚的一篇关于烧水定律的课文，就是统筹方法的利用。也是一种安排工作进程的数学方法。它的使用范围极广泛，在企业管理和基本建设中，以及关系复杂的科研项目的组织与管理中，都可以应用。但原理却非常简单。比如，想泡壶茶喝。当时的情况是：开水没有；水壶要洗，茶壶，茶杯要洗；火已开了，茶叶也有了。怎么办？办法甲：洗好水壶，灌上凉水，放在火上；在等待水开的时间里，洗茶壶、洗茶杯、拿茶叶；等水开了，泡茶喝。办法乙：先做好一些准备工作，洗水壶，洗茶壶茶杯，拿茶叶；一切就绪，灌水烧水；坐待水开了泡茶喝。办法丙：洗净水壶，灌上凉水，放在火上，坐待水开；水开了之后，急急忙忙找茶叶，洗茶壶茶杯，泡茶喝。哪一种办法省时间？我们能一眼看出第一种办法好，后两种办法都浪费了时间。这是小事，但种思路和处理事情的程序能够帮助我们解决生活中许多的问题。

五是明确要完成任务的目的和意义。人们似乎都有这样的经历，我们一群人要开一个会议，结果来了之后发现材料没有准备好，或者讨论一个事情，结果重要的事情没有讨论下来，不重要的事情却讨论了半天，甚至讨论了其他的事情。这说明我们在处理任务时常常会“跑偏”主题。因此，我们开会时就要有一个会议主题和要解决的问题，不然讨论了半天也没个所以然，最后还是草草结束，没有一个明确的解决方案。做事，一定要有明确的任务目的——我来这里做什么，当下的主要任务是什么，我做到了哪里，清楚明白后，思绪就不容易被转移，更容易高效专注地做好当下的事情。

六是要学会拒绝，勇敢地说不。生活工作中，经常会遇到不属于你的事情，别人让你帮忙去做，因为面子，不好意思拒绝，就帮忙做了，一做不要紧，以后就得你来维护和跟踪，本来不属于自己的事情，最后反而变成了不属于对方的事情，而成了你的事情。根源就是因为自己不会勇敢地说不，结果这只“猴子”就爬在了你的背上，甩都甩不掉。作为成年人，我们要明白最重要的应该是效率，而不是面子，我们要在适合的时候学会说不，不要在一些无谓的事情上浪费时间。

七是学会权衡利弊。当很多人说“我没有时间”的时候，并不一定意味着真的没有时间，而是他们不愿舍弃或减少做 A 事的时间去做 B 事，但事实上当真的有更紧急也更重要的 C 事出现时，那些每天看似忙得焦头烂额的人还是能挤出时间去完成的。我们无法创造时间，但时间还会得到充分的利用，这取决于我们用时间来做什么。你不愿意去做一件事情，其实是你觉得这件事不那么重要和紧急。比如很多同学宁愿花时间去刷淘宝微博朋友圈，也不愿静下心来读几本书，学习知识，不是没时间，而是不愿意。这样的事情在我们的朋友圈比比皆是，大家都想评职称，但就是不动笔，不申报课题。骨子里还是两种思想在作怪：懒惰和为难情绪严重，职称肯定是不会主动找上门来的。蔡垒磊说：“当一个瓶子被石子塞满时，你依然能往里加沙。当它被沙填满时，你依然能往里加水。不要认为原来既定的时间计划就不能动，当有更重要的事情出现时，别急着说自己没时间，先去对比有没有更不重要的事情可以被替代。为什么同样多的时间，有的人可以做很多事，有的人却碌碌无为？这都是源于使用时间的不同，这种不同，直接决定了结果的天壤之别。

（三）情绪管理

一个人的情绪是很重要的，小则对自己的身体健康产生影响，大则会因一个人的情绪对组织和公司，甚至这个国家带来巨大的影响。人生不如意，十之八九。我们常常会有心情低落的时候，觉得自己很可怜、很糟糕、很差劲，或是很倒霉，好像整个人都陷在生命的谷底，被一片愁云惨雾笼罩着……这时，有些人很快地找到了轻松与平静，回到原有的生活之中；有些人却很难回得去，在情绪之海里面挣扎，怎么也游不到对岸，常常由于一时冲动而失去一份好工作，破坏一段好婚姻，甚至断送一生，或者一直活在后悔、抱怨、愤世嫉俗之中。

但反过来，情绪是可以被管理的，我们是可以调整自己的情绪的。俗话说：适应不了天气，我们可以改变情绪。如果我们能调整、管理好自己的情绪，就会有幸福而美好的人生。那如何管理情绪呢？我们认为影响个人情绪的因素主要还是一个人思想认识和修养修为。这些都是通过学习和习惯养成的，是可以修炼的。

近年来大学生非正常死亡现象增多，特别是因为恋爱、心理抑郁而导致的自杀和他杀比较突出。2014 年重庆某高校大二外语学院一女生因为情感失败而跳湖自杀，2015 年该高校大一男学生因为家庭经济困难和内心抑郁而跳楼自杀。一个家庭培养一个大学生不容易，轻易舍去不完全属于自己的生命，是有罪的。身体发肤，受之父母，我们既属于我们自己，更属于我们的家庭和这个国家。大学生轻生的惨痛经历，留给家庭的却是无限痛苦和一生悲伤……

当有人背地里骂你时，你会愤怒吗？当你工作和生活遇到挫折时，你会感到沮丧吗？当你受到别人的误会，你会委屈吗？其实每个人遇到困难和挫折，内心或多或少都会有一些感触，或愤怒，或伤悲，但不同的人却有截然不同的反应和不同的方式去面对。为什么呢？这源于每个人的内心世界不同，有强大内心的人可以面对很多残酷的现实和惨淡的人生，内心弱小的人却很快被困难和挫折打败，成为情绪的奴隶。

成功不仅仅取决于你的能力和机遇，更取决于你的心理素质。在心理上输了，有的时候就意味着你已经输了。那么什么是内心强大呢？内心强大，也就是人的一种心理素质，指人的胸怀和潜力，对未来充满希望，有清晰的人生目标；也可以指人的内心思想与外在存在很大的差异，尽管受到很多人的排斥，也不会因外界环境变化而受到影响，其内心依然坚持自己的看法。

1．阳光心态，做一个有自信的人

内心强大的基本要求之一，就是要做一个自信的人。一个人有了自信，说话才会有力量，语言才有感染力，与人交往才会打动人心，做事情才会取得成功。自信既来源于对自己正确的认识，也来源于自身的实力和价值。万缘发于心，相由心生，境随心转，万事万物都有一个原因，关键是要拥有一个良好的心态——即阳光心态去看待周围的人和事物。俗话说，好心情才能欣赏好风光，好花要有好心赏。你内心是一团火，才能释放出光和热，你内心是一团冰，就是化了也是冰冷的水。亚里士多德曾说，生命的本质在于追求快乐，使得生命快乐的途径有两条：发现使你快乐的时光，增加它；发现使你不快乐的时光，减少它。他揭示生命的本质就是趋利避害，获得阳光心态。那么怎样才能获得阳光心态呢？阳光心态的主要内涵是：不能改变环境就改变自己；不能改变事情就改变你对事情的态度，不能向上比较就向下比较。这样才能趋利避害，获得阳光心态。

一个事情总有两面，心态决定命运。古时候有甲、乙两个秀才去赶考，路上遇到了一口棺材，甲说："真倒霉，碰上了棺材，这次考试死定了。"乙说："棺材，升官发财，看来我的运气来了，这次一定能考上。"当他们答题的时候，两个人的努力程度就不一样，结果乙考上了。回家后他跟自己的夫人说，那口棺材可真灵啊！这就说明心态影响人的能力，能力影响人的命运。生命的质量取决于人们每天的心情，如果你能保证每天心情好，你就会获得很好的生命质量，体验别人体会不到的靓丽生活。

2．心胸宽广，做一个有包容的人

人之所以不快乐是因为烦恼太多，这烦恼却不是别人给的，而是自己造成的。人之所以快乐不是因为得到太多，而是计较的太少；之所以烦恼不是得到的太少，而是计较的太多。细细地体会，想想这真是人活着必不可少的哲理。想想已经走过的路，我们到底有过多少快乐？多少烦恼呢？这个世界是对立统一的，有好人就会有坏人，坏人是死不完的，好人也不会消失，他们共同存在于这个世界。正确是因为有错误的存在，这就是宇宙的真理，自然法则而已。因此，当我们面对生活中的种种，只能学会拓宽心胸，心怀敞亮，默默地包容生活中的一切烦恼和诸多不顺。如果我们不能包容，就会心生烦恼，心生憎恨，心生怨气，久而久之就会让自己更烦恼。不但扰乱了自己的内心，还让自己活得更痛苦，所以，我们需要清醒，需要冷静，需要善良，需要我们淡化欲望，需要我们学会包容，需要我们远离攀比、斗争、嫉妒、怨气、憎恨，需要我们丢掉自己的固执、任性、极端、自私、自利，包容生活中的一切事物，做到了，就会很快乐，这种快乐是发自内心的一种平静。

3．释放压力，做一个接纳自己的人

压力太大，当然就不能正确处理情绪，有情绪就会影响心情和事情。我们不是完美的人，都会有这样那样的缺点和问题，有时候我们要学会接纳自己和愉悦自己，正确看待自己的缺点和不足，从而让自己更加淡定。当我们自己的压力和包袱太重时，也要学会释放。

一是消除压力源。缓解压力最直接的方法就是找到压力源，然后尽可能地消除它。如果你的压力是由于工作任务重造成的，不妨合理安排一下时间，重要的工作先做，次要的放一放，待时间充裕再完成。这样完成了影响压力的工作，情绪得到缓解，压力也就消除了。

二是合理宣泄。压力是在所难免的。俗话说：压力越大，动力越大。但在面对太强的压力的时候，我们的压力就变不成动力了，或许只剩下压力了。当自己无法排解时，不妨将心中的压力和不快说出来，或者通过运动、唱歌、大喊、哭泣等方式宣泄出来，不良情绪一扫而空，压力自然得到了缓解。

三是做深呼吸。当你心力交瘁、压力倍增时，最快的一种恢复平稳的方法是深呼吸。然后想想到底是什么让你感觉焦虑。深呼吸也能在你体内注入更多的氧气，从而让你的精力更加旺盛。研究表明，冥想是消除压力的最好方法。因此建议每天冥想 10 分钟，它能降低心跳频率和血压，减缓呼吸，平复脑电波，更快恢复身心平稳，防止在压力下身体的免疫能力下降。

四是饮食解压。日常饮食多吃一些振奋精神、消除疲劳的饮食，也可以消除不良情绪，缓解压力。建议把一些缓慢释放能量的碳水化合物，如水果、粗粮、蚕豆、坚果和植物种子加入你每天的饮食清单中。特别是坚果和植物种子不仅含有碳水化合物，还含有蛋白质，是很好的抗压力食物。此外，还需要每日增补那些有效转化为能量的营养素，如 B 族维生素、胆碱、维生素 C、钙、镁、锌、辅酶 Q 等。

五是慢运动缓释压。平时我们可以适量地运动，让身体达到最佳的姿态，从而能够更加放松、强壮，我们可以选择游泳、散步、瑜伽、太极拳等都会有帮助。无论在家、工作，甚至逛街购物，我们多数时候都在室内。自然光照得不够，会让我们的身体失去节奏，承担压力的能力越来越差。因此，当你感觉到有压力时，多到户外走动，即使天气不怎么好，也要坚持走一走，当看到外面的景色时心情自然就舒服多了。

（四）习惯管理

个人的习惯对一个人的成长太重要了。为什么这样说呢？习惯有好的方面，也有坏的方面。一个人拥有好的习惯，自然就是有好的职业素养，从而成为企业单位竞相聘用的对象。如果一个人再聪明，但是习惯不好可能就不会有好的机会和发展。比如迟到、拖沓、情绪化、工作不认真等这些不良习惯就会影响个人的工作和发展，甚至还会给自己带来麻烦。如果有守时、尊重、合作、亲切、包容、冷静、低调等这些习惯，就会成为受欢迎的人。

一是正确认识，确立目标。一个人要正确对待和认识到自己的不良习惯和优秀习惯，好的加以坚持，不好的正确认识，制订计划慢慢改正，关键还是要坚持，做到持之以恒。比如一个人想要锻炼身体，制订了一个每天长跑5公里的计划，连续了几天以后发现自己真的受不了，于是后面就不想去了，总给自己找理由放弃锻炼。

二是持之以恒，坚持到底。一天，苏格拉底对同学们说："今天咱们只学一件最简单也是最容易的事，即把你的手臂尽量往前甩，再尽量往后甩。"然后自己示范了一遍，"从现在开始，每天甩臂300下，大家能做到吗？"学生们可能觉得这个问题可笑，这么简单的事怎么做不到呢？都齐刷刷地回答："能。"过了一个月，苏格拉底问道："每天甩臂300下，哪些同学坚持了？"有90%以上的学生骄傲地举起了手。两个月后，当他再次提到这个问题时，坚持下来的学生只有80%。一年后，苏格拉底再次问道："请你们告诉我，最简单的甩臂运动，还有哪些同学坚持每天做？"这时候只有一个学生举起了手，这个学生叫柏拉图，他后来成了古希腊的另一位大哲学家。因此，成功在于坚持，坚持是最容易做到的事，只要愿意，人人都能做到；坚持又是最难的事，因为真正能做到的，终究是少数人，柏拉图坚持做到了，他后来就能成为古希腊的另一位大哲学家。也许正因为柏拉图做到了这一点，他给后人留下一句名言："耐心是一切聪明才智的基础。"这应该说是经验之谈，也是肺腑之言。

许多专家学者也说一个习惯的养成或改变一个不良的习惯至少需要21天。那么我们只要坚持21天做一件正确的事情，这个习惯就可能会养成。写下你的不良习惯和制订你的计划尽力去改变吧，你也是可以的。

（五）学习管理

人与人之间之所以有很大的不同和差距，除了其他重要因素以外，其中一个重要的因素就是学习能力的大小。有的人天天爱学习，善于学习，通过学习能够改变自己的命运和实现自己的理想。而有的人就是不善于学习，而原地不动。

一是要有目标。目标前面我们谈了很多了，就是要通过自己的思考和提炼，最终形成自己的学习目标或职业目标，通过自己努力一步一步实现。

二是要勤奋。一个人即使确定了目标，如果不努力学习，也是空中楼阁，或者叫竹篮打水一场空。所以勤奋是一个人成功的关键因素之一。49岁的原梦园，为了陪儿子读书，提前退休来到上海，并在上海交通大学当起了宿舍管理员。为了营造良好学习氛围和给儿子树立榜样，2018 年 12 月，他们母子一起考研，他们的共同科目是英语和政治。不同的是，儿子有数学两门专业课，她有汉语两门专业课。经过努力，最终儿子拟录取为复旦大学研究生，原梦园拟录取为广西大学汉语国际教育专业硕士研究生，母子二人均实现人生理想。

三是要有总结。总结就是不断反思的过程，就是不断明确目标和确信自己做得好的和做得不足的方面。从而为自己做得好的方面积累经验，为自己做得不好的方面找出原因和差距。

四是要掌握方法。学习讲方法，做人讲原则，做事讲规则。我们说这些话都是经过自己多年的积累和经历之后形成的一定固化的思维模式。作为大学生而言如何讲学习的方法呢？主要还要做到刻苦钻研，没有哪一门学问是轻轻松松就能掌握和学得精的，只有多花时间和多请教师生，才能学好悟透会用。同时还要利用好时间，优秀的人之所以优秀，那是因为他们比别人更会利用时间，做到少休息，多学习，以至于就比别人拥有更多的剩余时间。再则还要注意三个结合，要从课前预习、课中认真学习、课后及时复习等三个方面加强学习技巧和方法。如此，一定能够实现学业的进步。

对于个人的管理还有很多，这都需要大家在学习和工作实践中不断积累和不断总结。

第二节　团队训练与管理

没有完美的个人，只有完美的团队，一个人再能干也做不完所有的事情，只有依靠团队才能取得胜利。因此，真正聪明和能干的人，不是一个人在哪里工作，而是激发每个人的热情，凝聚团队的力量一起工作，实现利益的最大化。邓小平曾经说过："我们的现代化事业能够取得成功一是要有共同的目标和理想，二是要有良好的纪律。"因此，搞好团队建设是值得借鉴和参考的。团队管理和建设还涉及许多理念和知识，由于考虑到大学生的现实状况，我们这一节内容主要从团队的素质拓展和训练方面来讲述。

一、适用于室内外的团队训练项目

游戏 1：极目远跳（此游戏，红蓝两队率先进行，黄白两队其后进行）

游戏内容：两队同时进行，以接力的形式完成。每队队员依次在指压板上跳绳，在跳跃的同时，读出前面工作人员所举的一句话，所有队员完成即完成挑战。

游戏规则：每位队员需在指压板上连续跳跃，直至正确念出所对应的内容，中间不得中断，若中途失败，则该队员重新挑战（挑战三次不过则轮到下一位进行游戏，且该队罚时 20 秒），直到挑战成功，下一位队员方可开始；若有弃权者或违规者，按人数计算，一人罚时 20 秒。所有队员通过，则完成挑战，用时最短者获胜。第一名获得 4 分。二名、三名、四名依次获得 3 分、2 分、1 分。

游戏 2：衣架接力（此游戏，红蓝两队率先进行，黄白两队其后进行）

游戏内容：游戏分两队进行，每队队员穿过衣架，所有队员完成，则挑战成功，游戏结束。

游戏规则：每队队员站成两排，从第一位队员开始穿衣架，从头朝脚下穿，完成后立即传递给下一位，若中途有弃权者或不能穿过衣架者，按人数计算，一人罚时 20 秒，到最后一位队员成功穿过衣架，则该游戏完成。用时最短的队伍获胜，第一名获得 4 分。二名、三名、四名依次获得 3 分、2 分、1 分。（衣架中途损坏可向工作人员要求更换）

游戏 3：高效传情（此游戏，黄白两队率先进行，红蓝两队其后进行）

游戏内容：两队同时进行，每队队员处于不同位置，用规定的动作及道具完成挑战，所有队员完成任务即游戏结束。

游戏规则：每组成员站在一条线上，第一人开始扔排球；第二人用纸箱接球，再向第三、第四个人传球；第三个人与第四个人抱在一起（面对面），用身体接球，再传向第五个人；第五个人用纸箱接球；第六人与第七人以两人三足的方式到第五人处接球，再往回走到第八人处，交给第八人；第八人接到球后大象转鼻子 5 圈后将球抛向第九人和第十人；第九人与第十人接到球后不间断地跳 5 个绳（失败则重跳，要求：第九个人接到球并抱在怀里，与第十个人一起跳绳）（失败三次则直接传给下一人，该队罚时 20 秒），再将球传向第十一和十二两人；第十一、第十二人，其中一人背着另一人，背上的人以任意方式接球后向第十三人传球；第十三人用纸箱接球；第十四人、第十五人答题正确（两人共答对两题。若出现回答不上的问题可换另一道题，但每队只能换两次题，若不能答对两题者，算作弃权，罚时 20 秒）后，方可把球传给最后一人。最后一人以反扣的形式将球投进背后的塑料盆，完成所有规定动作，游戏中的违规（动作没有按要求进行的）者罚时 20 秒，弃权者罚时 20 秒，用时最短者获胜。第一名获得 4 分。二名、三名、四名依次获得 3 分、2 分、1 分。

（本环节游戏除第六、第七人可以离开原位置，其余参赛人员只能在原位置接球或传球，否则违规罚时 20 秒）

游戏 4：趾高气扬（此游戏，黄白两队率先进行，红蓝两队其后进行）

游戏内容：分两队进行，以接力跑的形式完成，跨越障碍并完成规定任务，到达指定点，所有队员完成则游戏结束。

游戏规则：每组两人组队，一人背着另一个人，并且背人的人需要用眼罩蒙上眼睛，此人背上的人负责指引方向，两人合作走过一段有障碍的路程。第一个障碍为跨过高度为 20 厘米的线才能向前走（若绳线被破坏，则罚时 20 秒）；第二障碍为在指压板上背着人转 3 圈，若在转圈的过程中脱离指压板的区域，则需要重新转 3 圈，直至完全在指压板上转完 3 圈方可向前前进；第三个障碍为在指压板组成的路径上，背上的人需要喝完一瓶 250mL 的小可乐才能向前走。并踩爆在终点的一个气球后才能通过，下一对在第一队到达终点后才能开始。按人数计算，违规者罚时 20 秒，弃权者罚时 20 秒。本次游戏通过计时评判，用时最短的队伍获胜。第一名获得 4 分。二名、三名、四名依次获得 3 分、2 分、1 分。

（注：以上游戏综合得分排出名次，若有平分队伍队，则该队伍进行加试游戏一决胜负。）

加试游戏：空中拍照

游戏内容：由比分相同的队伍进行比赛，率先完成挑战的队伍获胜。

游戏规则：两支分数相同的队伍按规定的动作进行，游戏中会随机播放音乐，当游戏音乐停止的时候，挑战队员同时跳跃，做出如下动作：脸部表情：所有队员在空中露出牙齿并保持眼睛睁开；男生左腿向上弯曲，右腿伸直；女生双腿伸，工作人员拍照，并拿给裁判审核，直至记录的照片完成规定动作该游戏结束，首先完成规定动作的队伍获胜。

（注：排名最末的队伍将进入惩罚环节）

惩罚环节

惩罚内容：以接力的形式，输的一队全部成员每人手拿一个保鲜膜框架，将脸贴在保鲜膜上并用力穿破保鲜膜。

游戏规则：该队的成员需要拿着硬质框架贴在脸上，并用力穿破保鲜膜，与此同时，不能用外力（手指、牙齿等尖锐物品）戳破保鲜膜，只能用脸穿过保鲜膜。穿过保鲜膜后该人的惩罚结束。

互动环节

幸运抽奖

游戏内容：团委老师在暗箱中抽取三张入场券（在本次活动开始前，我们收取的每个部门所持有的入场券），所抽到的幸运队员就可获得一份礼品。

欢乐印手掌

内容：每队的成员在手上涂上各色颜料，并在游戏喷绘墙上印下自己的手印以纪念本次活动。

二、真实的团队训练项目案例

世界500强企业富士康曾经来校招聘程序员和软件测试员，由于来自不同的院系，为了加强团队凝聚力和素质拓展，他们提前来校举行了一场以同学为主的训练活动和总结。通过这个素质拓展的过程增强了大学生的自信心，激发了团队活力，效果非常好，获得了校内外的一致好评。甚至多年以后都成为了入职前训练的经典项目。这样的项目，其实通过一定的设计策划，我们也是可以复制的，甚至可以做得更好。当然问题的关键是要提前做好设计和策划，而且要根据项目团队人的特点而进行。

（一）前期策划

XX学院与富士康A次集团校企合作专班素质拓展训练

一、活动背景

为更好地贯彻落实党的十八届三中全会关于“强化体育课和课外锻炼，促进青少年身心健康、体魄强健”的精神，引导和帮助大学生激发参加体育锻炼的主观能动性、形成良好的体育锻炼习惯、提升身体素质，并从中磨炼坚强意志、培养良好品德和拼搏精神，共青团中央、教育部、国家体育总局、全国学联近日联合下发《通知》，决定从2014年开始，在全国高校范围内全面启动和广泛开展大学生“走下网络、走出宿舍、走向操场”（简称“三走”活动）主题群众性课外体育锻炼活动。

二、活动主题

奔跑吧！兄弟

三、活动目的

1. 培养团队精神、创新精神和实践能力，增强心理素质。

2. 增强班级内部凝聚力，增进感情，同时也锻炼我们组织活动的能力。

3. 增添校园活动氛围，倡导青春正能量，促进学生身心健康成长，展现大学生精神风貌。

四、活动时间

2019年×月×日下午2：00～5：00

五、活动地点

××学院室外篮球场

六、活动参与对象

××学院在读学生

七、活动相关要求

1. 工作人员需提前将时间、地点、注意事项等通知给各参与活动的成员。

2. 活动过程中安排相关人员维持秩序并注意安全。

3. 要求参与活动的人员穿休闲装，女生着装得体，不穿高跟鞋、裙子。

4. 参与活动请遵守游戏规则，并尊重裁判的处理。

八、活动项目

（一）体验：盲人穿越

时间：20分钟

地点：风雨球场及周边地区

道具：红领巾

规则：每队队员除队长外全部戴上红领巾，排成一列纵队，由队长带领本队人员穿越既定区域，队长可以虚构任何地形或路线，口述注意事项指引队员前行。如：向前走、迈台阶、跨东西、向左或右拐等。

工作人员提前准备好路线图，各组跟进人员应做好安全工作，防止活动中出现摔倒。

（二）游戏环节

各支队伍从起点站出发，到终点站完成游戏后，所用时间最短者为第一名，依次类推。

起点站：六人七足

地点：室外篮球场

道具：2 卷玻璃绳

规则：4 支队伍两两 PK。每队排成一横排，相邻的人把腿系在一起，一起跑向终点（往返跑，共 50 米），先到的队伍进行下一轮游戏。

第二站：投篮

地点：室外篮球场

道具：篮球

规则：男生在罚球线处投篮，女生可在任意处投篮。若没有投中，则该成员要投篮，直到该组所有成员全部投中即可进入下一轮游戏。

第三站：跳大绳成语接龙

地点：室外篮球场

道具：4 根大绳，若干已写好成语的纸条

规则：各队先派 1 名代表抽成语题目，各队先进行思考与讨论，准备充分后开始本轮游戏。每队选出 2 人摇绳，剩下的人完成本轮任务。每队的队员依次进绳连续跳，同时依次完成成语接龙。若有间断则所有队员从头开始跳。直到该组所有成员全部完成本轮游戏即可进入下一轮。

举例：红队，抽到的成语为“洋洋自得”，该队第 1 人进绳说出第一个接龙成语“得意忘形”后要一直跳，第 2 人进绳后说出第二个接龙成语“形影不离”，直到该队的所有队员（除摇绳的 2 人之外）全部进绳并完成 8 个成语接龙后即可停止。

第四站：乒乓球接力

地点：室外篮球场

道具：筷子、乒乓球，凳子，盆

规则：每队队员排成列，第一人将乒乓球夹起传给下一位，由该队最后一

位成员放入指定地点。直到传完10个乒乓球即可进入下一轮，若中途乒乓球掉落，则重头传递。

第五站：竞速拼图

地点：室外篮球场

道具：拼图、图片（A4纸）

规则：工作人员提前将完整拼图展示10秒，每队队员依次轮流从规定的起点处跑到终点，每次只能拿一块拼图回到起点。直到得到完整拼图即可进入下一轮。（拼图中有重复）

终点站：悬空合影

地点：室外篮球场

道具：相机（手机）

规则：各队派出一名队员负责拍照，其余人集体起跳，直到拍照者拍到所有人脚离地的照片即为成功。（规定不能使用连拍功能）

最先完成的即为第一名，依次类推。

（三）撕名牌大战

参与者：富士康科A次集团IDPBG事业群IT专班学员

地点：风雨球场

道具：贴纸若干（名牌）

规则：各队成员背后要贴上自己的名字，游戏开始后互相撕掉其他队伍的名牌，直到其他队伍名牌全体被撕完为止，在比赛期间不得跑出区域范围，跑出者直接淘汰。本游戏采用两两对比淘汰制，直到选出最终胜利者。

九、活动详细实施方案

（一）前期准备阶段

1. 召开小组讨论会，拟定活动方案，包括详细的实施流程、分工表、经费预算表、安保方案等。

2. 提前完成活动材料的采购以及准备，包括道具、活动奖品等的准备，并完成相关场地申请。

3. 宣传工作的开展，通过制作与张贴海报、利用微博等新媒体宣传本次活动。

4. 提前借音响、话筒、相机、电脑等设备，准备游戏音乐。

5．整理参与名单，完成分组（6人/组，共4组），组建QQ群。

6．提前组织班级内部人员体验游戏，进行完善。

（二）中期活动阶段

1．活动当天13：20所有工作人员到场签到。

2．13：30各小组做好相应准备，道具组布置场地，音响组确认音响的正常使用、音乐的正常播放。

3．14：00开始活动，主持人开始主持，并介绍本次活动相关事宜。

4．15：00结束活动，统分，颁奖，合影留念，工作人员收拾场地。

5．所有工作人员对突发情况都要随机应变以及随时反馈。

（三）后期总结阶段

活动当天完成活动总结及活动成果汇报。

十、注意事项

1．开展前，检查游戏中所用器械及场地是否存在安全隐患；备好一些常用的医疗药品，如创可贴，治疗跌打损伤的药，绷带等。

2．开展前，讲解活动流程，并做活动前热身。

3．活动前签到组负责将各队队员分好，并清点好各队人数，若缺队员则可以进行微调或由工作人员补上，尽量保证每队人数一样。

4．安排4名工作人员全程跟进各支队伍，以杜绝任何不安全操作。

十一、附件

附件1：××学院与富士康A次集团校企合作专班素质拓展训练实施流程表

附件2：××学院与富士康A次集团校企合作专班素质拓展训练安保方案

附件3：重庆文理学院与富士康A次集团校企合作专班素质拓展训练经费预算表

××学院与富士康A次集团校企合作专班

二〇一九年五月二十五日

（二）后期总结

在整个活动过程中，设计得非常精巧的项目让每个人都获得了极大的收获，组织者更是用总结工作来升华取得的成效。让每个团队成员畅谈感受和理想，同时让团队负责人制作精美的PPT进行播放和讲解，进一步拉近大家的距离和增进友谊。例如，总结者在陈述中提到：这个活动达到了培养团队精神、创新精神和实践能力，增强心理素质；增强班级内部凝聚力，增进感情，同时也锻炼我们组织活动的能力；增添校园活动氛围，倡导青春正能量，促进学生身心健康成长，展现大学生精神风貌等方面的目的。

通过这些活动，调动了小组成员的积极性、团结协作的能力。选手玩了之后会觉得好玩，还有再想参加的想法。参与的同学都很开心，全部都积极地投入比赛。设计的五个游戏既需要团结协作的精神，也需要一定的智慧。这让同学们在游戏中得到了一些锻炼。

当然，不足之处是人员调配不是很好，事前各个阶段的负责人没有很好地协商好、接洽好。现场的观众比较少，参赛人员的时间没有控制好。游戏规则修改次数过多，工作人员给予参赛选手的提示和帮助过多，这导致了游戏的难度降低。但总来说，这样的活动锻炼了团队的每一个人，大家都学会了如何去诠释团队精神。团队的力量也是很大的，一个完整的活动能在两三天内就搞定，还是很不容易的。

参考文献

[1]宋经同 . 论大学素质教育的实施对高校教师素质的要求［J］. 世纪桥，2007（12）.

[2]韩静，许琳，孟双明 . 高校教师人文素质的培养［N］. 山西大同大学学报（社科学版），2008（3）.

[3]包相玲 . 论高校教师素质的培养与提高［J］. 教育与职业，2008（18）.

[4]李尚明，王小康 . 论素质教育背景下科学教师评价机制的构建[N]. 安康学院学报，2008（5）.

[5]吴宗保 . 实施素质教育对高职教师素质的基本要求[N]. 天津成人高等学校联合报，2001（3）.

[6]颜萍 . 高校教师素质提高的有效途径［J］. 江苏高教，2006（5）.

[7]韩敬愈 . 教师评价工作应注意的几个问题［J］. 教育科学研究，2002（2）.

[8]殷海 . 关于高校教师素质提高途径的探讨[N]. 宁夏大学学报（人文社会科学版），2004（2）.

[9]梁红 . 大学教师文化素养的内涵及提高［J］. 现代大学教育，2003（2）.

[10]谷成，田颖 . 如何构建和完善高校教师评价体系［J］. 高教高职研究，2008（4）.

[11]谷成，田颖 . 完善高校教师评价体系的思考［J］. 当代教育论坛，2008（3）.

[12]董平 . 对改革大学人文素质教育评价体系和评价机制的思考[J]. 前沿，2007（6）.

[13]高世杰 . 高职院校教师人文素质教育剖析［N］. 科技创新导报，2007（35）.

[14]何杨勇，左小娟 . 教师人文素质论[N]. 杭州师范学院学报（自然科学版），2003（6）.

[15]李斌，张红，周庆芬 . 大学教师的素质及其培养[J]. 理论界（双月刊），2003（2）.

[16]熊岚 . 人本取向的高校教师评价研究［J］. 高校教育管理，2007（1）.

[17]肖全民 . 素质教育评价机制试构［D］. 桂林：广西师范大学，2001.

[18]韦微 . 关于我国大学教师评价的研究［D］. 西安：陕西师范大学，2006.

[19]章坤 . 大学教师教育素养及其养成研究［D］. 长沙：湖南师范大学，2006.

[20]曹秀娟 . 高校教学岗位教师能力素质模型与评价方法研究［D］. 济南：山东科技大学，2006.

[21]袁振国．外国素质教育政策研究［M］．济南：山东教育出版社，2004.
[22]甘阳，陈来，苏力．中国大学的人文教育［M］．北京：生活・读书・新知三联书店，2006.
[23]陆挺，徐宏．人文通识讲演录・人文教育卷［M］．北京：文化艺术出版社，2007.
[24]石亚军．人文素质论［M］．北京：中国人民大学出版社，2008.
[25]汪青松，查昌国，张国定．杨叔子院士文化素质教育演讲录［M］．合肥：合肥工业大学出版社，2007.
[26]何茂莉．传承与现代——文化人类学视野下的大学精神［M］．北京：民族出版社，2006.
[27]汪刘生．创造教育论［M］．北京：人民教育出版社，2000.
[28]刘凤泰．提高文化素质　培育创新人才——高等学校加强文化素质教育的探索［M］．北京：高等教育出版社，2001.
[29]黄俊杰．全球化时代的大学通识教育［M］．北京：北京大学出版社，2006.
[30]黄坤锦．美国大学的通识教育［M］．北京：北京大学出版社，2006.
[31]王立新，郑宽明，王文礼，陈莉．大学生素质教育概论［M］．北京：科学出版社，2005.
[32]张兴华．人文教育概论［M］．青岛：中国石油大学出版社，2007.
[33]魏国英．女性学［M］．北京：北京大学出版社，2000.
[34]陈雪枫，莫雷．心理自测［M］．广州：暨南大学出版社，1996.
[35]潘燃元，王伟廉．高等教育学［M］．福州：福建教育出版社，1995.
[36]黄克孝．职业和技术教育课程概论［M］．上海：华东师范大学出版社，2001.
[37]刘献君．专业教育中的人文教育［M］．武汉：华中科技大学出版社，2003.
[38]阎光才．大学的人文之旅——大学本科教育中人文社会科学的价值重估［M］．北京：教育科学出版社，2005.
[39]徐长松．黄成惠，大学生心理概论［M］．上海：上海科学技术出版社，1988.
[40]朱高峰．试论素质教育［J］．北京：高等工程教育研究，2009（1）.
[41]田广林．中国传统文化概论［M］．北京：高等教育出版社，2011.
[42]陈晓龙．中国传统文化概论［M］．西安：陕西师范大学出版社，2009.
[43]沈瑞云．中国传统文化十讲［M］．杭州：浙江大学出版社，2005.
[44]顾植等．中国传统文化精华二十二讲［M］．太原：山西古籍出版社，2004.
[45]周俊玲．中国传统文化概论［M］．成都：四川人民出版社，2005.
[46]肖志刚．文学欣赏［M］．武汉：武汉理工大学出版社，2006.
[47]游国恩，王起，萧涤非，等，中国文学史［M］．北京：人民文学出版社，2002.